사주 운명을 디자인하다

사주 운명을 디자인하다

발행일   2018년 8월 10일

지은이   최 제 현
펴낸이   손 형 국
펴낸곳   (주)북랩
편집인   선일영   편집   권혁신, 오경진, 최승헌, 최예은, 김경무
디자인   이현수, 김민하, 한수희, 김윤주, 허지혜   제작   박기성, 황동현, 구성우, 정성배
마케팅   김회란, 박진관, 조하라
출판등록   2004. 12. 1(제2012-000051호)
주소   서울시 금천구 가산디지털 1로 168, 우림라이온스밸리 B동 B113, 114호
홈페이지   www.book.co.kr
전화번호   (02)2026-5777   팩스   (02)2026-5747

ISBN   979-11-6299-277-7 04180 (종이책)   979-11-6299-278-4 05180 (전자책)
          979-11-6299-274-6 04180 (세트)

이 도서의 국립중앙도서관 출판예정도서목록(CIP)은 서지정보유통지원시스템 홈페이지(http://seoji.nl.go.kr)와
국가자료공동목록시스템(http://www.nl.go.kr/kolisnet)에서 이용하실 수 있습니다.
(CIP제어번호: CIP2018025047)

(주)북랩 성공출판의 파트너

북랩 홈페이지와 패밀리 사이트에서 다양한 출판 솔루션을 만나 보세요!

홈페이지 book.co.kr　　•　　**블로그** blog.naver.com/essaybook　　•　　**원고모집** book@book.co.kr

사주로 풀이하는 인생과 운명 해설서

사주 운명을 디자인하다

최제현 지음

세상에서 가장 불쌍한 사람은
실패한 사람이 아니라 아무것도 하지 않는 사람이다.
이 책은 당신이 자신의 사주명리를 알고 운명을 개척할 수 있도록
적극적인 동기를 부여해줄 것이다!

북랩 book Lab

이 책의 특징

1. 사랑, 결혼에 관한 실질적인 도움을 사주를 통해 전달했다.

2. 사주를 통해 배우자 선택의 실질적인 기준을 마련했다.

3. 기존 궁합방식을 새롭게 재탄생시켜 적중률을 높였다.

4. 사주명리의 기본에 충실하였고 불필요한 고전 이론은 모두 제거했다.

5. 기존 사주 책처럼 어렵고 딱딱하지 않고 쉽고 재미있다.

6. 문장이 문학적이고 비유적이어서 수필처럼 쉽게 읽을 수 있다.

7. 사주전문용어를 최대한 자제하고 일반적인 언어를 사용하였다.

8. 비유와 적절한 예제로 사주개념을 명확하게 이해할 수 있게 했다.

9. 핵심 내용을 쉽게 풀어 누구나 이해할 수 있도록 구성되어 있다.

10. 사주 통변에 관한 모든 비법을 낱낱이 공개했다.

사주 나를 알고 나를 적수의 내일을 대비한다
내 인생의 **일기예보**

그대의 믿음은 그대의 생각이 된다.

그대의 생각은 그대의 말이 된다.

그대의 말은 그대의 행동이 된다.

그대의 습관은 그대의 가치가 된다.

그대의 가치는 그대의 운명이 된다.

결정된 운명은 없다.

지금 나의 선택이

나의 미래가 되는 것이다.

목차

• since 2006~ 최제현의 과학사주
  https://blog.naver.com/jun6534
• since 2006~ 최제현의 사주이야기
  https://cafe.naver.com/choissajustory
(사주공부와 상담이 가능합니다)

제1장

사주,

음양오행(陰陽五行)을

디자인하다

1. 음양(陰陽)의 개념

일시무시일(一始無始一) 일종무종일(一終無終一)

-『천부경』-

하나가 시작되나 시작이 없는 하나, 하나가 끝나나 끝남이 없는 하나.
주역에 나오는 일음음양지위도(一陰陰陽之謂道), 한번은 음(陰)이고 한번은 양(陽)인 것이 도(道)와 같은 의미이다.

일시무시일(一始無始一) 일종무종일(一終無終一)의 의미는 음양(陰陽)을 나타낸다.
일부 사람들이 일종무종일(一終無終一)을 종말의 의미를 담고 있다고 주장하지만 이는 음양(陰陽)의 이치를 모르기 때문에 하는 소리이다.

음양(陰陽)은 사주 철학뿐 아니라 세상에 존재하는 모든 원리에 해당한다.
늘 우리 곁에 존재하지만 인식하지 못할 뿐이다.

태양이 빛나고 있다고 별이 사라진 게 아니라 태양 빛에 의해 잠시 드러나지 않은 것뿐이다.
밤이 되면 음(陰)은 다시 양(陽)으로 바뀌어 드러난다.
즉 음양(陰陽)은 드러나는지 드러나지 않는지에 따라 변화하는 역(易)의 기운이다. 음양(陰陽)은 대비될 뿐 분리할 수 없다.
2분법적으로 태양은 양(陽)이고 달은 음(陰)이고 남자는 양(陽)이고 여자는 음(陰)이다 란 표현은 엄밀히 해석하면 맞지 않는 이야기다.

태양도 드러나지 않는 밤에는 음(陰)이며 남자 안에도 여성성이 늘 존재한다.

실제 남성에게도 여성 호르몬이 분비되며 여성에게도 남성 호르몬이 나온다.

나이가 들수록 이 비율은 가중되는데 남자가 드라마를 보다가 울고 여자는 목소리가 점점 굵어지는 등 이런 현상들도 음양(陰陽)이 바뀌는 역(易)의 변화이다.

음양(陰陽)은 늘 함께 있지만 섞이지 않는 특성이 있다.
단지 시간에 따라 태극의 문양처럼 뒤바뀌기만 한다.

세상 만물은 모두 음양(陰陽)으로 구성되어있다.
심지어 컴퓨터도 2진법인 음양(陰陽)의 법칙에 의해 탄생되었다.

너와 나, 여자와 남자, 하늘과 땅, 태양과 달, 차가움과 뜨거움, 빛과 그림자, 불과 물, 죽음과 삶 등.
이 모든 존재의 목적은 단 하나 '균형'이다.

그래서 음양(陰陽)은 한마디로 균형이다.

균형을 이루기 위해 역(易)이 발생하는 것이며 역(易)의 변화가 음양(陰陽) 현상으로 나타나는 것이다.
세상 만물은 모두 존재 이유가 있다.
작은 돌부터 만물의 영장인 사람까지 그냥 존재하는 것은 없다.
음양(陰陽)의 관점에서 보면 모두가 하나인 물아일체(物我一體)인 것이다.
또한 음양(陰陽)은 제3의 물질도 만들어 낸다.

순환을 지속하기 위해 새로운 물질을 생성해 내는 것이다.

이를 음양(陰陽)의 영속성(永續性)이라 한다.

음양(陰陽)의 영속성(永續性)은 자연을 지탱하는 가장 기본적 행위이다.

이 음양(陰陽)의 개념은 백 번을 강조해도 지나침이 없다.

이 개념이 정립되지 않으면 사주 공부는 10년을 해도 알 수가 없기 때문이다.

같은 목(木)인데 갑목(甲木)과 을목(乙木)의 차이를 알 수 없고 같은 십성(十星)인데 식신(食神)과 상관(傷官)을 구분할 수 없다.

더 나아가 식신제살(食神制殺)이 왜 좋고 상관견관(傷官見官)이 왜 나쁜지 각종 합충(合沖), 충극(沖剋), 형살(刑殺)까지 모두 음양(陰陽) 법칙이 적용되기 때문에 음양(陰陽)을 모르면 사주해석이 불가능하다.

음양은 사주명리에서 가장 중요한 수학의 사칙연산 같은 것이라 할 수 있다.

사칙연산을 모르면 수학 문제를 풀 수 없듯이 음양도 마찬가지이다.

우리 곁에 늘 가까이 있는 음양의 개념부터 확실히 인지하자.

◉ 음양(陰陽)의 의미

구 분	음(陰)	양(陽)
현 상	드러나지 않는다.	드러나다
원 리	역(易)의 기운	
목 표	균형	

※ 음양(陰陽)의 의미는 위 도표가 전부이며 그 구조가 매우 단순하다.

도표의 내용을 확실히 익혀 음양(陰陽)개념을 파악해야 한다.

2. 음양(陰陽)과 오행(五行)의 관계

"오행(五行)은 순환이고 순환의 최종 목표는 균형이다."

사계절이 순환하는 것도 낮과 밤이 순환하는 것도 모두 균형을 위한 움직임이다.

이 순환이 멈추면 자연은 파괴되고 모든 생명은 사라지게 된다.

오행(五行)을 순환시키는 힘은 음양(陰陽)에서 나오고 음양(陰陽)을 바꾸는 기운은 오행의 순환에서 생성된다.

사주에서 오행(五行)의 의미는 순환이며 목화토금수(木火土金水)로 구성되어 있다.

목화토금수(木火土金水)는 각각 다른 특성과 성향을 지니고 있으며 각각의 기운들이 상호 작용을 통하여 대자연의 순환 작용을 하게 되는 것이다.

오행(五行)의 기질적 성향을 목화토금수(木火土金水)로 이해하지 말고 목기운(木氣運), 화기운(火氣運), 토기운(土氣運), 금기운(金氣運), 수기운(水氣運)으로 이해하는 것이 중요하다.

왜냐하면 사주에서의 오행(五行)은 기(氣)이지 체(體)가 아니기 때문이다.

즉 오행(五行)을 형상으로만 이해하면 사주의 원리는 이해되지 않는다.

목화토금수(木火土金水)는 기(氣)의 현상을 쉽게 이해하기 위해 체(體)로 표현한 것이다.

실제 목(木)은 나무가 아닌 나무의 기질과 특성으로 받아들여야 한다는 것이다.

따라서 목화토금수(木火土金水)보다는 목기(木氣), 화기(火氣), 토기(土氣), 금기(金氣), 수기(水氣)가 보다 정확한 표현일 것이다.

'木' 하면 나무가 떠오르는 것이 아니라 '木'의 특성이나 기질 등이 느낌으로 다가와야 한다.

'火' 하면 불이 떠오르는 것이 아니라 '火'의 발산과 염상 확산의 기운을 떠올려야 한다.

'금수(金水)'도 모두 마찬가지이다.

⊙ 오행의 특성

오행(五行) 구분		특징
곡직격 (曲直格)	木	나무의 기질처럼 구부러지고 곧게 뻗는다. 이를 곡직(曲直)이라고 한다.
염상격 (炎上格)	火	화(火)는 발산 확산의 기운으로 힘이 강할수록 위로 오르고 퍼지는 기운이 있다.
가색격 (稼穡格)	土	토(土)는 심는 대로 거둔다는 특성과 아래로 보관과 저장의 의미를 지니고 있다.
종혁격 (從革格)	金	금(金)은 속과 겉이 같은 단단한 물질로 불에 의해서만 변형되는 특징이 있다.
윤하격 (潤下格)	水	위에서 아래로, 자유자재로 자신을 변형시키는 힘이 있다.

목화(木火)는 위와 옆으로 확산 상승하려는 발산하는 기질이 있어서 오직 성장에만 집중한다. 갑목(甲木)은 상승, 을목(乙木)은 확산한다.

그러나 목(木)은 서서히 발산하는 반면 화(火)는 급속히 발산한다.

금수(金水)는 받아들이고 수용하는 특성이 있다.

목화(木火)처럼 성장이 아닌 결과에 집중한다.

즉 금수(金水)의 목적은 결과를 만들기 위한 수단이다.

수(水)는 빠르게 금(金)은 서서히 수용한다.

토(土)는 중화(中和)를 의미한다.

목화(木火)와 금수(金水) 사이에서 중재하고 받아들였다가 다시 내어주는 기능을 한다.

토(土)는 방향성이 없는 오행으로 뚜렷하게 드러나는 계절도 없다.

환절기라고도 하는데 엄밀히 따지면 환절기는 계절이라고 할 수 없다.

오행(五行)은 모두 다섯 가지로 '곡직(曲直), 염상(炎上), 가색(稼穡), 종혁(從革), 윤하격(潤下格)'의 기운을 가지고 있다.

3. 오행(五行)의 생극(生剋)의 관계

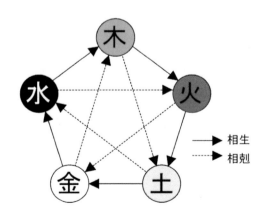

오행(五行)과 생극(生剋)은 순환을 위해 만들어진 현상이다.

음양(陰陽)의 에너지로 오행이 순환되며 순환의 최종 목적은 균형이다.

오행의 순환은 계절이란 형태로 반복성을 드러내며 반복성은 다시 인류에게 경험과 지식의 축적을 가져다주는 구조로 되어있다.

사주명리도 그런 맥락에서 순환의 반복성으로 인해 미래를 예측할 수 있게 된 것이다.

사주는 자연의 경험 법칙을 기호화, 문서화하여 만든 학문이란 의미이다.

따라서 사주의 미래 예측기능은 계절의 경험 법칙에서 나온 과학적 산물이다.

필자가 늘 말하는 사주는 달력이란 의미가 바로 그것이다.

음양(陰陽)과 오행(五行)의 생극(生剋)을 통해 인간의 운명을 보완하고 예측하는 것이 바로 사주명리이다.

◉ 오행(五行)의 생극(生剋) 관계표

오행(五行)의 생극(生剋)	오행상생 (五行相生)	오행상극 (五行相剋)
목(木)	목생화(木生火)	목극토(木剋土)
화(火)	화생토(火生土)	화극금(火剋金)
토(土)	토생금(土生金)	토극수(土剋水)
금(金)	금생수(金生水)	금극목(金剋木)
수(水)	수생목(水生木)	수극화(水剋火)

☞ 상생(相生): 서로 도와 살려주다. 상극(相剋): 서로 방해한다.

이를 음양오행(陰陽五行)의 생극제화(生剋制化)라고 한다.

4. 오행(五行)의 특성

목(木)의 특성

목(木)을 한마디로 표현하면 인(仁)이다. 사람을 불쌍히 여기는 어진 마음이 인(仁)이다. 그래서 목(木)이 있는 사람은 어질고 순수한 것이다.

또 사람과 계속 관계 의지가 있다.

그래서 목(木)이 강한 사람은 처음 만나는 사람과도 금세 친해지고 속마음도 가감 없이 보여준다.

하늘을 향해 뻗어 오르는 기질은 순수와 열정을 함께 담고 있기 때문이다.

목(木)은 인(仁)함으로 서두르는 법이 없다.

성장은 한시도 멈추지 않지만 순차적으로 차곡차곡 단계를 밟아간다.

그래서 목(木)이 인성(印星)에 해당하면 학문적으로 매우 뛰어난 모습을 보여준다.

순차적으로 문서화된 지식은 절대 무너지지 않기 때문이다.

물상적으로는 목(木)의 최종 목표는 화(火)이다.

그래서 목(木)의 절대필요오행은 화(火)가 되는 것이다.

아이가 어른이 되고 싶은 것처럼 목(木)의 모든 기운은 화(火)로 향한다.

이를 목생화(木生火)라고 한다.

목(木)이 화(火)로 목생화(木生火)되지 않으면 목(木)은 어른이 되지 못하고 생명을 다한 것과 마찬가지이다.

따라서 목(木)은 반드시 화(火)가 있어야 하고 그다음에 수(水)가 있어야 완벽한 목생화(木生火)가 이루어진다.

즉 목생화(木生火)는 사회적 성패를 나타나는 의미로 화(火)가 없는 목(木)은 사회적으로 드러나는 결과를 가질 수 없다.

사주에서 목(木)은 4가지가 있으며 천간의 갑목(甲木)과 을목(乙木) 지지의 인목(寅木)과 묘목(卯木)으로 구분된다.

⊙ 목(木)의 종류와 특성

구분	음양 (陰陽)	특성
갑(甲)	양(陽)	높이 치솟는 특성과 대표성. 호기심. 순수함. 시작의 의미가 있다.
을(乙)	음(陰)	옆으로 퍼지는 확장성과 생존능력. 끈기. 인내. 적응성. 현실감각의 의미가 있다.
인(寅)	양(陽)	높이 자라고 싶은 어린 나무로 화수(火水)가 절실한 특징이 있다.
묘(卯)	음(陰)	높이와 옆으로 퍼지는 확장성을 동시에 지니고 있으며 수분이 가득하여 생명력이 있다.

※ 목(木)은 응축된 수(水)의 상태에서 곡직(曲直)으로 퍼지는 기운이다. 따라서 새롭게 시작하려는 의지가 강하다.

목(木)은 곡직(曲直)의 특징이 있다.

곡직(曲直)의 사전적 의미는 휘거나 구부러지면서도 퍼지고 뻗는다는 의미이다.

곡직(曲直) 중 곡(曲)은 을(乙)의 특성, 직(直)은 갑(甲)의 특성을 나타낸다.

나무의 특성을 가장 잘 표현한 것으로 곡직격(曲直格)은 사주 전체가 온통 목기(木氣)로만 이루어진 사주를 의미한다.

화(火)의 특성

화(火)는 한마디로 발산의 기운이며 예(禮)이다.

화(火)를 예(禮)라고 하는 것은 양(陽)의 기운이 밖으로 드러났기 때문이다.

불의를 보면 참지 못하고 나서며 남이 나를 어떻게 보는지 염두에 두고 신경 쓰는 모습이 화(火)이다.

십성(十星)으로 보면 상관(傷官)의 기질과 비슷한데, 발산 확산하려는 성질이 목(木)과 비슷하면서도 조금 다르기도 하다.

가장 대비되는 특징은 크게 3가지가 있다.

목(木)의 성장은 순차적이지만, 화(火)의 성장은 불규칙적이다.

목(木)의 성장은 느리지만, 화(火)의 성장은 빠르다.

목(木)의 성장은 보이지 않지만, 화(火)의 성장은 모두 드러난다.

화(火)가 발달한 사람은 성격이 매우 열정적이고 급한 경향이 있다.

나이로 보면 막 20대가 되어 어른은 되었지만, 아직 경험이 부족하고 의욕만 앞서 실패와 좌절이 계속되는 시기이다.

그러나 가장 중요한 특징은 생식이 가능한 나이가 되었다는 것이다.

즉 자손을 만들 수 있다는 의미로 나무에 꽃을 피우거나 열매를 맺을 수 있는 시기가 된 것이다.

화(火)의 최종 목적은 토(土)이기는 하지만 목생화(木生火)처럼 절대적이지는 않다.

즉 화(火)는 토(土)가 절대필요오행은 아니라는 의미이다.

화(火)는 화(火) 자체로 만족하고 스스로 완벽해질 수 있는 오행이다.

이미 어른이 된 사람이 중년이 되기를 기다리지 않는 것과 비슷한 이치이다.

화(火)의 가장 큰 장점은 긍정적이고 활동적이라는 것이다.

무엇을 해도 즐겁고 어떤 사람과도 잘 어울린다.

그래서 화(火)가 발달한 사람 옆에서만 있어도 따뜻한 온기가 느껴지고 행복해진다.

⊙ 화(火)의 종류와 특성

구분	음양 (陰陽)	특성
병(丙)	양(陽)	태양, 밝음, 열기, 에너지, 유일성, 생명, 발산을 의미하며 병(丙) 자체가 완벽한 오행이다.
정(丁)	음(陰)	달, 은은한 밝음, 온기, 은유적, 여성적 특성과 주변과의 조화를 의미한다. 약한 빛과 열성을 함께 지니고 있다.
오(午)	양(陽)	강렬한 에너지를 담은 화기(火氣)이지만 지속력이 약하고 변질되기 쉽다. 빛과 열성을 함께 지녔다.
사(巳)	음(陰)	은근하게 퍼지는 온기를 지닌 약한 화기(火氣)이지만 생명력이 있고 빛이 아닌 열성을 지녔다.

☞ 다만 지지(地支)의 사화(巳火)와 오화(午火)는 체용(體用)의 변화가 있다.

사화(巳火)는 음(陰)인데 양화(陽火)로 쓰이며 오화(午火)는 양(陽)인데 음화(陰火)로 쓰인다.

체(體)는 겉모양, 용(用)은 실제 쓰임새를 의미한다.

화(火)는 빛과 열로 구분되며, 병(丙)은 강력한 빛, 사(巳)는 열, 정(丁)오(午)는 약한 빛과 열성을 함께 지니고 있다. 빛과 열성은 사용 목적 자체가 다르다.

빛은 드러나게 하는 것이 목적이고 열성은 끓어오르게 하는 것이 목적이다.

물상적으로는 화(火)는 염상(炎上)의 특징을 가지고 있다.

염상(炎上)의 사전적 의미는 '위를 향해 불타오르다'이며 수(水)와는 대비되는 이런 성질을 화(火)의 확산성이라 한다.

화(火)하면 바로 확산의 기질이 떠올라야 하며 목(木)의 목표였다는 사실을 반드시 기억해야 한다.

염상격(炎上格)은 사주 전체가 화(火)로 구성된 것이다.

토(土)의 특성

토(土)를 한마디로 요약하면 '중화(中和)'이다.

토(土)는 4가지 오행을 모두 담고 있다.

자연에서도 환절기에 해당하고 가장 중요한 역할도 계절과 계절 사이를 변환시키는 일을 담당하고 있다.

자기 색깔이 따로 없는 오행이다.

그때그때 상황에 따라 변화하고 중화(中和)시키는 것이 전부이다.

그래서 토(土)가 발달한 사람은 사람과 사람 사이에서 중계 소통의 창구 기능을 잘한다.

분쟁이 있는 곳에서는 가교 역할을 하고 평화로운 곳에서는 저장의 기능을 한다.

토(土)는 지극히 객관적이고 한쪽으로 치우치지 않는다.

탁월한 균형 감각으로 사람들을 리드한다.

따라서 토(土)가 있는 사람은 현실감각이 뛰어나다.

현실성 없이 허황된 이야기는 아예 머리 구조 속에 없다.

때로는 행동력이 느려서 답답해 보일 수도 있지만, 금(金)을 만나면 금세 빨라지는 모습을 보이기도 한다.

토(土)의 목적은 금(金)이다. 금(金)은 토(土)로 인해 성장한다. 이를 토생금(土生金)이라고 한다.

실제 사주 통변을 하다 보면 토(土)의 특성이 가장 어렵게 느껴진다. 이는 자기 기운은 없고 다른 오행상황에 따라 변화되기 때문이다.

그러나 중요한 것은 변화된 기운 자체를 토(土)로 이해해야 한다는 것이다.

즉 토(土)는 목화금수(木火金水)의 기운으로 상황에 따라 변할 수 있지만, 그것도 어디까지 토(土)라는 것이다.

예를 들어 인오술(寅午戌)이 되었다고 토(土)가 화(火)로 변한 것이 아닌 토(土)는 그대로이지만 화(火)의 기운이 강화되었다는 것이다.

사람의 마음이 변했다고 그 사람 자체가 그 사람이 아닌 것은 아니다.

단지 생각이 변했고 행동이 변한 것뿐이다.

당연히 인오술(寅午戌)합이 풀리면 원래 토(土)의 기운으로 돌아온다

⊙ 토(土)의 종류와 특성

구 분	음 양 (陰陽)	특성
무(戊)	양(陽)	거대한 산, 건조하고 광활한 들판, 웅장함, 남성적, 현실성, 추진력, 에너지, 정신적 안정감
기(己)	음(陰)	양분과 수분이 가득한 비옥하고 기름진 토양, 여성적으로 현실과 이상성을 함께 지니고 있으며 생산성이 높다
진(辰)	양(陽)	양분과 수분이 가득한 기름진 넓은 토양으로 남성적 현실성, 고집, 추진력이 있으나 변덕이 심하고 의심이 많다.
술(戌)	양(陽)	영양분이 모두 소진된 메마른 토양으로 생물이 자라기 어려운 환경이다. 정신적 안정감을 추구한다.
축(丑)	음(陰)	양분과 수분이 가득하지만 얼어붙어 화(火) 없이는 사용할 수 없는 토양이다. 고집, 인내의 아이콘
미(未)	음(陰)	양분과 수분이 전혀 없는 사막 토양으로 화기(火氣)가 가득하여 생명이 자랄 수 없는 죽은 토양이다.

토(土)는 가색(稼穡)의 특징을 지니고 있다. 가색(稼穡)의 사전적 의미는 곡식을 심고 거둔다는 것이다. 가색격(稼穡格)은 **사주 전체** 구성이 토기(土氣)로 이루어진 사주를 의미한다.

금(金)의 특성

금(金)을 한마디로 정의하면 '제련(劑鍊)'이다
제련(劑鍊)할 때마다 떠오르는 시구가 있다.
김춘수 님의 '꽃'의 일부분이다.

> 내가 그의 이름을 불러주기 전에는
> 그는 다만 하나의 몸짓에 지나지 않았다.
> 내가 그의 이름을 불러주었을 때,
> 그는 나에게로 와서 꽃이 되었다.

금(金)은 화(火)에 의해서만 형태가 변형된다.
화(火)가 없는 금(金)은 그저 아무런 가치 없는 돌덩어리나 쇳조각에 불과하다.

그런 금(金)에게 생명을 불어 넣어주는 것이 바로 금(金)의 제련인 것이다.
제련은 화(火)가 있어야 할 수 있다.
따라서 금(金)은 하나의 물체에서 화(火)를 만나 보석도 되고 기계도 되고 의미 있는 물건으로 변신하게 된다.

따라서 금(金)의 절대필요오행은 화(火)이다.
금(金)이 화(火)를 만나 변신이 끝나면 그때 비로소 수(水)가 필요한 것이다.
금(金)의 최종 목표는 수(水)이기는 하지만 그 전에 반드시 화(火)가 있어야 한다는 것이다.

실제 통변에서도 금(金)이 화(火)를 보지 못하면 사회적으로는 쓰임새가 없는 불필요한 사람이 되기 쉽다.

따라서 금일간(金日干)을 보면 화(火)와 수(水)가 있는지 가장 먼저 살펴야 한다.

화(火)로 제련되지 못한 금(金)을 둔금(鈍金)이라 하는데 이는 날이 무딘 칼이나 도끼를 의미하며 목(木)을 제대로 자르지 못하고 상처만 낸다.

즉 제대로 금(金)의 역할을 못 한다는 의미가 있다.

반대로 금(金)이 화(火)를 만나면 날카로운 예금(銳金)으로 바뀌어 목(木)을 제대로 극(剋)할 수 있게 된다.

둔금(鈍金)과 예금(銳金) 차이는 사회적 실패, 성공으로 나타난다.

◉ 금(金)의 종류와 특성

구 분	음양 (陰陽)	특성
경(庚)	양(陽)	가공되지 않은 무쇠 덩어리로 반드시 화기(火氣)가 필요하다. 남성적, 추진력, 에너지, 강인함, 현실성이 있다.
신(辛)	음(陰)	가공된 보석이나 장신구로 예리하고 날카롭다. 화기(火氣) 수기(水氣)에 의해 빛난다. 여성적, 감성적, 예민하다.
신(申)	양(陽)	단단해지는 열매 형태로 에너지를 응축하는 단계이며 역동성, 추진력, 긍정적 에너지가 있다. 남성적이나 강인함은 없다.
유(酉)	음(陰)	완성된 씨앗의 형태로 에너지가 고도로 응축되어 있으며 순수, 단호함, 결단성, 인내, 끈기가 있다. 개별적 독자성을 추구한다.

금(金)은 종혁(從革)의 특성을 보인다.

종혁(從革)의 사전적 의미는 가죽을 따라간다.

즉 겉과 속이 같고 변하지 않음을 나타내고 의(義)를 끝까지 지킨다는 의미가 있다.

그러나 실제로는 잘 변하는 경우가 있는데 화(火)를 만났을 때이다.

사주 전체가 금(金)으로 이루어지면 종혁(從革) 격이라고 한다.

수(水)의 특성

수(水)를 한마디로 표현한다면 '생각'이다.

수(水)는 지혜를 상징하여 오상으로 지(智)라고도 하는데 이 모든 것은 생각에서 나오는 것이다.

생각이 지혜로 발전하기 위해서는 목적성이 반드시 있어야 한다.

목적이 없는 생각은 망상일 뿐이기 때문이다.

그렇다면 수(水)의 목적은 무엇일까?

수생목(水生木)이다.

수(水)의 목적은 목(木)을 생(生)해주는 것이다.

어머니가 아기를 돌보듯이 수(水)는 목(木)을 위해 기꺼이 자신을 내놓는다.

따라서 사주에 목(木)이 없이 수(水)만 있으면 그것은 지혜가 아닌 망상이나 우울증으로 전락한다.

그래서 수(水)의 절대필요오행은 목(木)이 된다.
목(木)이 없는 수(水)는 존재가치가 없다.

실제 통변에서도 수(水)가 강한 경우는 정신적으로 우울증, 육체적으로도 병약하기 쉽다.

다른 오행도 마찬가지지만 특히 수기(水氣)는 적당히 있는 것이 가장 좋다.

전혀 없는 것도 문제이지만 지나치게 많은 것은 훨씬 더 나쁘게 작용한다.

약간 부족한 듯이 있는 것이 가장 이상적이다.

수(水)가 화(火)를 만나면 열성을 갖게 되고 수생목(水生木)이 실현된다.

그러나 화(火)가 지나치게 강해지면 모두 증발하여 목생화(水生木)를 할 수 없게 된다.

수(水)는 오행 중 가장 응축력이 강하다.

응축력이 강하다는 의미는 안에 감춰져 있는 드러나지 않은 정보가 많다는 것이다. 수(水)의 정보는 목(木)에 의해서 해체된다.

즉 응축된 물을 나무가 흡수하여 성장과 열매로 변환시키는데 이 변환의 목적이 수(水)의 응축성을 해체하여 드러나게 하는 것이다.

⊙ 수(水)의 종류와 특성

구 분	음양 (陰陽)	특성
임(壬)	양(陽)	거대한 바다, 호수이며 어둠, 차가움, 죽음과 생명의 양면성을 지니며 남성적이다. 병(丙)을 만나면 어둠인 임(壬)은 가치가 생긴다.
계(癸)	음(陰)	식물을 키우는 생명력 있는 비, 이슬, 작은 농업용수, 생산성, 연약함, 소극적이다. 기(己)를 만나면 생산성이 극대화된다.
자(子)	양(陽)	연못, 작은 호수, 개울 등 생육에 필요한 양분이 있는 맑은 물이다. 순수, 연약함, 여성적, 시작의 의미가 있다.
해(亥)	음(陰)	바다와 강이 만나는 탁수로 물고기가 많다. 식물생육으로 적합하지 않으며, 지혜, 능수능란, 수다, 음탕, 역마의 기운이 있다.

☞ 다만 지지(地支)의 자수(子水)와 해수(亥水)는 체용(體用)의 변화가 있다.

해수(亥水)는 음(陰)인데 양수(陽水)로 쓰이며 자수(子水)는 양(陽)인데 음수(陰水)가 쓰인다.

체(體)는 겉모양, 용(用)은 실제 쓰임새를 의미한다.

이는 지장간의 본기(本氣)에 따라 변화한 것이며 십성(十星)에서도 똑같이 적용된다.

수(水)는 윤하(潤下)적 특성이 있다.

윤하(潤下)의 사전적 의미는 '아래로 다스리다.'이다.

즉 물의 특성처럼 아래로 흐르는 성질을 나타낸 것이다.

윤하격(潤下格)은 사주 전체 오행 구성이 수기(水氣)로 이루어진 사주이다.

제2장

사주,
십성(十星)을 디자인하다

1. 십성의 의미

  십성(十星)은 사주 감정에 있어서 가장 중요한 요소이다.

  음양오행(陰陽五行)이 알몸이라면 십성(十星)은 그 위에 옷을 입힌 거라 할 수 있다.

  자신의 특성에 맞는 옷을 입음으로써 차별화되어 구분이 명확해지는 것이다.

  십성(十星)은 10개의 별이란 의미이다.

  이런 이름이 붙은 것은 실제 사주명리가 천문(天文)에서 시작되었기 때문이다.

  별자리를 보다가 절기(節氣)를 만들고 절기(節氣)를 이용하여 인간의 운명을 연구한 것이 바로 사주명리의 기원이다.

  사주에서 십성(十星)이 만들어진 이유는 의사소통을 위해 별자리를 기호화한 것이다. 음양오행만으로는 운명 해석이 부족하기 때문에 만들어진 것이다.

  십성(十星)은 비겁(比劫), 겁재(劫財), 식신(食神), 상관(傷官), 편재(偏財), 정재(正財), 편관(偏官), 정관(正官), 편인(偏印), 정인(正印)의 총 10개로 구성되어있다.

  사주(四柱)에서 십성(十星)은 크게 두 가지로 활용하여 나눌 수 있는데, 유형(有形)적인 것을 나타내는 육친(六親)과 무형(無形)적인 것을 나타내는 성격, 적성, 특성으로 구분된다.

  절기(節氣)에 다른 계절의 변화를 십성(十星)이라는 기호(명칭)를 통해 의미를 부여하고 해석하기 위한 인위적으로 만들어진 것이다.

  이는 언어의 기능과 흡사하다.

■ 십성(十星)의 분류와 특성

⊙ 십성(十星)의 육친(六親)대입표

비견 (比肩)	남(+)	형제, 자매, 친구	겁재 (劫財)	남(+)	형제, 자매, 친구
비견 (比肩)	여(-)	형제, 자매, 친구	겁재 (劫財)	여(-)	형제, 자매, 친구
식신 (食神)	남(+)	손자, 장모, 사위	상관 (傷官)	남(+)	외조부모, 손녀
식신 (食神)	여(-)	자식	상관 (傷官)	여(-)	자식
편재 (偏財)	남(+)	애인, 아버지	정재 (正財)	남(+)	부인, 아버지
편재 (偏財)	여(-)	아버지	정재 (正財)	여(-)	아버지
편관 (偏官)	남(+)	자식	정관 (正官)	남(+)	자식
편관 (偏官)	여(-)	애인, 남편	정관 (正官)	여(-)	남편
편인 (偏印)	남(+)	계모, 어머니	정인 (正印)	남(+)	어머니
편인 (偏印)	여(-)	계모, 어머니	정인 (正印)	여(-)	어머니

⊙ 십성(十星)의 무형(無形)적인 것(성격, 기질, 특성)

비견 (比肩)	독립, 아집, 고집, 신념, 주체, 자유, 의리, 배타성	**겁재** (劫財)	계산적인 독립, 지능적인 주체, 아집, 독선, 욕심, 이기심
식신 (食神)	전문성, 보수적, 안정적, 긍정적, 언어 능력, 신뢰감, 성실	**상관** (傷官)	재능, 생동감, 다재다능, 개방적, 동정심, 부정적 사고, 의심
편재 (偏財)	즉흥적, 개방적, 확장성, 재미, 유흥, 손재주, 욕심, 계산, 예측	**정재** (正財)	계산적, 보수적, 안정적, 예측성, 책임감, 성실성
편관 (偏官)	원리원칙, 배짱, 수완, 책임감, 의협심, 추진력, 모험 도전	**정관** (正官)	합리적, 보수적, 안정적, 원리원칙, 성실성, 게으름
편인 (偏印)	부정망상, 감성적, 기발한 아이디어, 자유로움, 수동적, 편협성	**정인** (正印)	수용성, 보수적, 안정감, 인내, 끈기, 학문, 생각

⊙ (한자판 십성표)

일간	甲 (寅)	乙 (卯)	丙 (巳)	丁 (午)	戊 (辰戌)	己 (丑未)	庚 (申)	辛 (酉)	壬 (亥)	癸 (子)
甲(寅)	比肩	劫財	食神	傷官	偏財	正財	偏官	正官	偏印	正印
乙(卯)	劫財	比肩	傷官	食神	正財	偏財	正官	偏官	正印	偏印
丙(巳)	偏印	正印	比肩	劫財	食神	傷官	偏財	正財	偏官	正官
丁(午)	正印	偏印	劫財	比肩	傷官	食神	正財	偏財	正官	偏官
戊(辰戌)	偏官	正官	偏印	正印	比肩	劫財	食神	傷官	偏財	正財
己(丑未)	正官	偏官	正印	偏印	劫財	比肩	傷官	食神	正財	偏財
庚(申)	偏財	正財	偏官	正官	偏印	正印	比肩	劫財	食神	傷官
辛(酉)	正財	偏財	正官	偏官	正印	偏印	劫財	比肩	傷官	食神
壬(亥)	食神	傷官	偏財	正財	偏官	正官	偏印	正印	比肩	劫財
癸(子)	傷官	食神	正財	偏財	正官	偏官	正印	偏印	劫財	比肩

⊙ 십성(十星)의 생극제화(生剋制化)

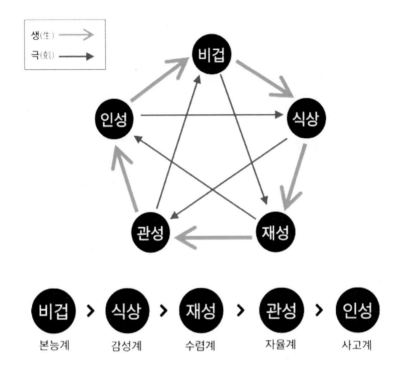

십성(十星)의 생극제화(生剋制化)는 사주통변의 꽃이라고 할 수 있다.

실제 사주 감정은 십성(十星)으로 통변한다.

십성(十星)은 그 사람이 가지고 있는 성격, 직업, 성향, 배우자, 부모, 형제 등 모든 것이 드러난다.

심리적 관점으로는 비겁은 본능계, 식상은 감성계, 재성은 수렴계, 관성은 자율계, 인성은 사고계에 해당하며 사회적 관점으로는 비겁은 독립, 식상은 일, 재성은 돈, 관성은 명예 인성은 공부이다.

육친적 관점으로는 비겁은 형제 식상은 자식, 재성은 부인, 관성은 남편, 인성은어머니다.

　항상 십성(十星)을 감정할 때는 반드시 3가지 관점에서 살펴야 한다.

　심리적, 사회적, 육친적 관점이다.

2. 비견 겁재

◉ 비견(比肩)의 특성

　비견의 육친적 관점은 나와 형제, 동료, 친구 등 나와 횡적인 관계에 있는 사람들을 나타낸다.

　비견은 '내가'라는 고집과 주체의식이 강한 특징이 있다.

　자기만의 고집과 추진력으로 어떤 일이든 실행하려는 성향이 강하다.

　오행 목화토금수(木火土金水)에 따라 비견의 성향도 조금씩 달라지는데 목화(木火)의 비견은 순수한 의지의 발산으로 시작은 잘하나 마무리가 약한 약점이 있고 역마(驛馬)의 기운과도 비슷하다.

　또 금수(金水)의 비견(比肩)은 은밀하고 은근한 고집으로 일을 벌이나 마무리가 약한 것은 목화(木火)의 비견과 비슷하다.

　"비견은 자존심의 아이콘이다."

　자존심은 사회생활에서 별로 필요가 없는 성분이다.

　사람들과 어울려 살아야 하는 사회 구조에서 자존심은 자기 생각만을 주장하고 자신을 드러내는 행위가 되기 때문이다.

　따라서 비견이 강한 사람들은 정상적인 사회생활이 매우 어렵다.

사회는 공동체 생활이기 때문이다.

자신의 주장보다는 명령과 규칙을 준수하는 것을 더 선호한다.

배우자 관계에서도 비슷한 모습으로 나타나는데 결혼도 가정도 공동체 생활이기 때문에 나보다는 가족을 먼저 배려해야 가정도 잘 유지될 수 있다.

그리고 비견의 위치에 따라 그 성향도 크게 달라지는데 비견이 천간(天干)에 있을 경우는 군겁쟁재(群劫爭財)가 되어 내 재물을 빼앗는 경쟁자적 성향을 보인다.

하지만 비견이 지지(地支)에 있을 경우는 신약(身弱)할 때 일간에 도움이 되며 내 의지처가 되어 준다.

따라서 비견은 천간(天干)보다는 지지(地支)에 있는 것이 좋다.

또 비견이 지지(地支)에 있을 경우는 사람들과 소통 공감능력도 좋아진다.

슬픔을 공유 소통하고 친구와 의리를 지키며 자존심이 강해 남에게도 명예를 지키려 노력한다.

비견이 강한 사람은 친구가 제일이다.

친구에 죽고 친구에 산다는 말이 있을 정도이다.

비견은 리더십과 독립 정신이 강하고 타인과의 경쟁에서는 지기 싫어한다.

때론 고집불통이란 소리를 듣지만, 추진력으로 인정받기도 한다.

일에 대한 의욕이 강해 일을 자주 많이 벌인다.

횡적인 관계로 나와 같은 위치의 사람들과 경쟁의식이 강하게 작용한다. 일단 경쟁 시스템이 가동되면 승부사적인 기질이 발휘되어 일에 대한 성취도가 매우 높아져서 긍정적인 면이 부각되기도 하지만 너무 지나치면 타인뿐 아니라 자신도 파괴하는 경우가 생기기도 한다.

따라서 비견이 강한 사람은 자신을 통제할 수 있는 관성이 반드시 필요하다.

관성이 결여된 비견은 브레이크 없이 달리는 자동차 같다고 할 수 있다.

양(陽)의 비견(比肩)이 음(陰)의 비견(比肩)보다 강하게 작용한다.

양(陽)의 비견(比肩)이 간여지동(干如支同) 되었을 때, 재성(財星)이 약하면 최악의 상황으로 재물 운이 없고, 재물로 인해 큰 고통을 받는다.

배우자 관계도 매우 안 좋은 상황이 벌어진다.

간여지동(干如支同) 일주는 배우자 배타성이 매우 강해 실제로 백년해로 하는 경우가 거의 없다.

일지(月支)에 비겁(比劫)이 있다는 것 자체로 이미 배우자와 이혼이 정해져 있는 것이라는 말이 있을 정도이다.

그만큼 이혼율이 높다는 의미이다.

비견은 늘 항상 자기중심적 사고가 자리 잡고 있다.

밖에서는 좋은 사람 소리를 듣지만, 집에만 오면 '꽝'인 것이다.

또한 일주가 간여지동인 경우, 비견이 너무 강하여 관성이 제대로 작동하지 못해 자기 통제가 안 되는 상황이 발생하기도 한다.

비견(比肩)이 태과(太過: 많음)하면 재성(財星)을 극(剋)하므로 평생 돈 때문에 어려움을 겪을 가능성이 크지만, 재성(財星)과 식상(食傷), 관성(官星)이 적절하게 있으면 부자가 되는 경우도 종종 있다.

기본적으로는 비견이 강하다는 것은 재물 때문에 어려움을 겪을 가능성이 커지고, 남자에게는 처(妻)와 인연이 안 좋을 수 있다는 의미가 내포되어 있다.

비견 과다 시 독립 사업을 하더라도 경영과 자본을 분리하는 시스템이 좋다.

또한 길(吉) 또는 합(合)이 비견에 작용하면 형제, 동료와의 사이가 원만해지고 복(福)이 있는 반면에 반대로 흉살(兇殺), 충(沖) 등이 작용을 하면 형제, 동료들로부터 피해를 본다.

정관(正官), 편관(偏官) 즉 관성(官星)이 약하거나 없는데 비겁(比劫)이 지나치게 많은 경우에는 형제나 친구 등에 의해 재(災)를 당할 수 있으므로 아무리 가까운 형제나 친구와도 동업하거나 보증을 서는 것 등은 절대로 피해야 할 것이다.

◉ 겁재(劫財)의 특성

겁재(劫財)는 승부욕과 욕심이 있는 자존심이다.

승부욕과 욕심 속에는 철저한 계산이 깔려있다.

비견과 달리 사람들과의 공감 소통 능력도 없다.

예를 들어 갑자기 친구가 교통사고로 죽을 경우 비견은 슬퍼하면서 그를 추모한다면 겁재(劫財)는 친구의 죽음이 나에게 어떤 영향을 미칠지 냉정하게 판단하고 있다.

또 승부욕과 욕심이 있어 상관(傷官)과 편재(偏財)를 만나면 불법적인 일도 개의치 않고 실행할 수 있는 사람으로 변한다.

위치도 중요한데 겁재(劫財)는 천간(天干)에 있으면 흉(凶)으로 작용할 가능성이 높다.

즉 확실한 경쟁자로서 내 재물을 빼앗는 역할을 하는 것이다.

특히 동업 관계에 있을 때는 분배 과정에서 문제가 생길 수 있다.

따라서 겁재가 강한사람과 동업을 할 때는 문서적으로 확실히 해놔야 문제가 발생할 때 조금이라도 도움이 될 수 있다.

겁재(劫財)의 어원적 의미는 재물을 빼앗다란 의미이다.

비견(比肩)과 마찬가지로 재성(財星)을 극(剋)하지만 실제 임상 결과 비견(比肩)보다 조금 더 강하게 재성(財星)을 극(剋)하는 것으로 나타났다.

예를 들어 밥은 한 그릇밖에 없는데 사람이 여러 명 있다고 가정해 보자.

(밥그릇은 재성(財星), 사람은 겁재(劫財) 해당)

그러면 사람들은 한 그릇뿐인 밥을 더 많이 차지하기 위해 싸움을 할 것인데 **이것을 군겁쟁재(群劫爭財)라고 한다.**

군겁쟁재(群劫爭財)란 겁재(劫財)가 재물을 차지하기 위해 싸운다란 의미이다.

한정된 재물을 여러 개로 분배한다는 것은 실제 삶이 가난해진다는 의미가 있다.

비견(比肩)은 이익에 앞서 명분만 있으면 실행하려는 순수함이 있지만, 겁재(劫財)는 이익을 철저하게 계산하여 명분이 아닌 실익을 따져서 실행하는 현실형 인간이다.

배우자 관계에서도 승부욕이 강해 남자의 경우 경쟁력 있는 배우자를 얻는데 관성(官星)이 약하면 친구에게 빼앗기거나 이혼하는 경우가 많다.

즉 지킬 능력이 없다는 것이다.

그러나 관성(官星)과 재성(財星)이 튼튼하면 외부로부터 자신의 재물과 여자를 지킬 능력이 생긴다.

직업적으로 겁재는 승부욕이 필요로 하는 스포츠 선수, 프로게이머(Progamer), 정치인 등이 어울린다.

겁재(劫財)는 편인(偏印)과 더불어 사주에서 가장 환영받지 못한 십성이다.

편관(偏官), 상관(傷官)은 남자답고 재능이 있어 선호하는 사람들도 많지만 겁재(劫財)와 편인(偏印)은 대중들에게도 가족들에게도 환영받지 못한다.

그래서 겁재(劫財)와 편인(偏印)이 시주(時柱)에 있으면 말년이 외로운 경우가 많다.

예전에 사주 감정 때 일이다.

남성분이었는데 겁재와 편인이 매우 강한 사주였다.

다행히 식신이 온전히 있긴 했는데 이야기를 듣다가 나도 모르게 눈물이 났던 기억이 난다.

결국 스님이 되기로 결심했다고 하는데 세상에 그렇게 운(運)이 나쁠 수도 있구나 하는 생각을 했던 기억이 난다.

지금은 업상대체로 인해 모 유명사찰에서 스님으로 잘 계신다.

이렇게 실전 통변에서도 겁재(劫財)와 편인(偏印)은 환영받지 못하는 것이 현실이다.

따라서 이런 사주의 경우 부모가 어릴 때부터 방향을 잘 잡아주어야 한다.

모든 운명은 성격과 습관에서 시작되는 것임으로 어릴 때부터 성격 습관을 잘 형성시켜주어야 성인이 되었을 때 사회적으로 성공할 수 있다.

3. 식신 상관

◉ 식신(食神)의 특성

식신(食神)은 순수의 아이콘이다.

식신이 잘 발달되어 있는 사람은 순수한 본능을 가지고 있다.

그 기본은 모성애, 부성애이다.

기본적으로 자식에 대한 사랑이 깊고 성실과 순수함이 있는 온화한 여유를 지니고 있다.

그러나 상관(傷官)처럼 즉흥적이 아닌 심사숙고된 순수함이다.

그래서 식신이 발달한 사람은 덕(德)이 있다고 한다.

자신이 가지고 있는 것을 기꺼이 나눌 수 있는 마음이 있다.

반대로 식신이 약하거나 없으면 재물에 대해 인색하고 게으르다.

식신은 사주의 비타민 같은 존재이다.

최고의 길성(吉星)이라고 해도 과언이 아닐 만큼 중요하고 고마운 역할을 한다.

⊙ 식신(食神)의 관점

식신(食神)은 크게 4가지 관점에서 볼 수 있다.

첫 번째, 편관(偏官)을 극(剋)하여 일간을 보호하는 기능을 하는데 이는 건강과 사건해결 능력을 의미한다.

이를 식신제살(食神制殺)이라고 한다.

식신은 최고의 길신으로 일간을 보호하고 편관이라는 예측 불가한 사건 사고로부터 일간(나)을 방어해 준다.

그래서 식신제살(食神制殺)이 되어 있는 사람은 항상 여유가 있다.

어떤 문제가 발생해도 해결할 수 있다는 자신감이 있기 때문이다.

건강적인 면에서도 식신은 편관이란 칼날이 일간을 치려 할 때 방패가 되어 몸과 정신을 온전하게 유지하는 기능을 한다.

그래서 식신이 있는 것만으로도 큰 복이라고 하는 것이다.

사주에 식신 없이 편관만 있다는 것은 인생에 풍파가 많다는 것인데 이를 극복해 낼 힘이 없다면 인생은 매우 힘들어질 수밖에 없다.

그래서 편관이 있는 사주는 반드시 식신이 있어야 한다. 위인전에 나오는 거의 모든 영웅호걸은 식신제살(食神制殺)이 되어있다고 봐도 무방하다.

식신제살(食神制殺)이 되었다는 것은 사주에 식신과 편관이 함께 있다는 것이다.

인생에 있어 문제가 있는 것을 극복하는 것과 인생에 있어 극복할 문제가 아예 없는 것 중 선택하라면 사람마다 다르겠지만, 필자의 개인적인 의견을 묻는다면 식신제살(食神制殺) 운명이 좀 더 낫지 않을까 하는 생각이다.

인생이란 긴 여행 동안 시련과 고통이 전혀 없다면 이 또한 너무 밋밋하지 않을까 하는 생각이 들기 때문이다.

하지만 정답은 없다.

두 번째, 재성(財星)을 생(生)하여 재물을 벌어들이는 경제적 측면을 담당한다.

이를 식신생재(食神生財)라고 한다.

식신생재(食神生財)가 잘된 사람이 가난하거나 못사는 경우는 없다.

항상 일한 만큼 결과가 주어지고 그 결과는 삶의 질을 향상하는 기능을 한다.

재성(財星) 중에 정재(正財)와 편재(偏財)가 조금 다른데 이는 재성(財星) 편에서 자세히 다루도록 하겠다.

식신생재(食神生財)가 잘되어 있는 사주가 운(運)에서 관성(官星)까지 들어오면 명예까지 같이 얻어 널리 이름을 떨치는 최고의 해가 된다.

관성은 명예를 의미하며 재관(財官)은 부귀공명을 만들어 내는 원천이다.

식신제살(食神制殺), 식신생재(食神生財)가 동시에 일어나면 최고의 행운이 나타난다.

세 번째, 식신(食神)이 가장 꺼리는 십성은 편인(偏印)이다.

그래서 식신이 있으면 주변에 편인이 있는지 봐야 한다.

식신이 편인을 보면 도식(倒食)한다고 한다.

즉 식신이 깨져서 자기 역할을 못 하는 것이다.

식신생재(食神生財)가 된 사주가 편인(偏印) 운이 들어오면 매우 조심해야 한다.

자신 삶의 원천에 문제가 발생할 수 있다는 것을 의미한다.

식신은 천간지지(天干地支) 어디에 있든 좋은데 일지(日支), 월지(月支), 월간(月干) 순으로 좋다.

네 번째, 식신을 생(生)해 주는 비견(比肩), 겁재(劫財)가 있는지 살펴본다.

비견 겁재의 역할 중 가장 중요한 것은 식신을 생(生)해 주는 것이다.

그러나 비겁(比劫)이 지나치게 많으면 일에 비해 결과가 작아지는 경향을 보여 좋지 않다.

십성 중 과다하여 좋은 것은 없지만, 그중에서도 비겁과 관성은 삶에 직격탄을 날리는 형상으로 매우 삶이 곤궁해진다.

식신(食神)은 사주에서 역할도 많아서 공부할 것도 많다.

어떤 상담가는 사주 감정 시 식신이 있으면 사주가 좋고 없으면 나쁘다는 극단적인 판단을 하기도 한다.

그만큼 식신이 좋은 작용을 한다는 의미로 받아들여야 할 것이다.

◉ 식신(食神)의 기능

1) 식신제살(食神制殺)
2) 식신생재(食神生財)
3) 편인도식(偏印倒食)
4) 비겁(比劫) 생(生) 식신(食神)

식신(食神)과 상관(傷官)을 합쳐 식상(食傷)이라고 한다.

주로 일 언어 능력, 말, 의식주를 상징하고, 여성에게는 자식을 의미한다.

식신은 안정적이고 보수적이다.

식신은 탐구적이고 한 가지 일에 깊이 몰두한다.

그래서 정인(正印)과 만나면 깊이 있는 학문 연구로 성공할 수 있다.

식신은 약속을 잘 지키고 순수하여 주변에 도와주는 사람들이 늘 있다.

상관은 생동적이고 새로운 일을 찾아다니는 스타일이다.

식신은 1개만 있어야 좋다.

식신은 정재(正財)와 만나면 항상성이 유지되어 최고의 길성이 된다.

식신은 순수함으로 인해 모성애를 자극하고 표현력이 뛰어나 아름다운 연애를 할 수 있다.

식신은 오행 중 화(火)에 해당할 때 가장 빛을 발한다.

⊙ 상관(傷官)의 특성

상관(傷官)은 십성 중 가장 강력한 발산의 기운이다.

상관을 한 마디로 표현하면 길들지 않는 야생마의 기질이라 할 수 있다.

항우가 타던 오추마를 떠올려 보자.

오추마는 최고의 힘과 스피드를 가진 말(馬)이다. 그러나 오추마는 오직 항우만이 탈 수 있다. 만일 항우가 없다면 오추마는 아무 쓸모 없는 말이 될 것이다.

이 최상의 에너지를 잘 쓰기 위해서는 항우가 필요하다는 결론이 나온다.

그 항우의 역할을 하는 것이 정인(正印)이다.

상관(傷官)이 정인(正印)을 만나면 항우가 오추마를 만나는 것과 같다. 이를 상관패인(傷官佩印)이라고 한다.

상관패인(傷官佩印)이 되었다는 것은 상관이 세상 밖으로 나설 수 있는 자격이 생긴 것이다. 사회적으로 인정해 주는 에너지로 변하는 것이다.

정인 없이 상관만 있으면 남 험담이나 불평불만만 말하는데 이것이 정인을 만나면 문서화되어 인정받는 기운으로 바뀌는 것이다.

수다쟁이 동네 아저씨에서 기자, 정치인, 판사, 검사로 역할이 바뀌는 것이다.

상관(傷官)의 어원적 의미는 관(官)을 상하게 하다이다.

즉 관청(官廳)을 상(傷)하게 한다는 의미는 법을 지키지 않고, 관(官)을 상대로 저항한다는 의미가 담겨있다.

고전에서 관(官)은 관청이고 관청(官廳)과 대립한다는 것은 역적이나 다름없었다.

그래서 상관이 발달한 사람은 늘 바로잡고 고치려는 습성이 강하다.

이것이 정인(正印)을 만나 잘 발현되면 위대한 지도자나 발명가가 될 수 있지만 잘못 발현되면 불평불만 잔소리꾼으로 전락할 수도 있다.

여성이 상관이 강하면 남편에게 잔소리를 한다.

이는 남편도 자신이 생각하는 모델로 바꾸려는 심리가 강하게 작용하기 때문이다.

상관은 기존의 것을 부정하고 새롭게 만들려는 성향이 매우 강하다.

이미 만들어진 것보다 자신이 뭔가 새롭게 만들고 싶어 한다.

그러다 보니 상관패인(傷官佩印)이 안 된 경우는 인생이 매우 피곤해질 수 있다.

새로운 것을 만들다 시간을 다 보내는 결과가 생기기 때문이다.

상관(傷官)의 가장 큰 장점은 발산의 기운인데 타고난 천부적인 재능이라고도 할 수 있다.

최강의 감성계로 내 안에 다른 내가 있는 듯이 즉흥적, 본능적으로 내 안의 것들이 튀어 나간다.

식신은 정제되어 나가는 데 비해 상관은 조건반사로 툭 하고 뛰쳐나간다.

그래서 상관이 발달한 사람은 늘 말조심을 해야 한다.

동정심과 오지랖도 강해 불쌍한 사람을 보면 반드시 도와줘야 하고 부당한 것을 보면 참지 않고 나선다.

그러나 이러한 기질도 지나치게 과하면 상대방에게 불쾌감을 주고 무례한 사람으로 보일 수도 있으니 경계해야 한다.

밥을 함께 먹어도 자신이 밥값을 내야 속이 편하고 음식을 만들어도 통이 커서 엄청 많이 만들어 나눠주길 좋아한다.

남에게는 좋은 사람이란 소리를 듣지만 정작 자신과 가족들에게는 실속이 없는 사람이 될 수 있다.

또 일지(日支)에 상관(傷官)이 있으면 에너지 넘침 현상으로 성욕도 강한 특성을 보인다.

상관(傷官)이 오행 중 화(火)에 해당할 때 가장 이상적이다.

즉 일간이 목(木)인 사람이 식상(食傷)을 가장 잘 사용한다는 의미이다.

현대사회를 식신상관(食神傷官)의 시대라고 한다.

연예인이 최고인 시대에 살고 있는 것이다.

식신(食神)의 전문성과 상관(傷官)의 생동감이 사회적으로 가장 각광받기 때문이다.

예전에는 관성(官星)이 가장 우선시되었다.

만들어진 대로 그 틀 안에서 사는 것이 가장 존중받던 시대였다.

하지만 현대는 만들어진 것을 다시 재구성하는 것이 존중받는 시대로 변한 것이다.

아이폰을 떠올려 보자.

기존에 있던 것들을 한곳에 모아 재구성하였다.

전화기 기능, 녹음 기능, 사진 기능, 컴퓨터 기능, MP3 기능은 모두 기존에 있었던 것들이다.

이것들을 한곳에 모아 만든 것이 인성(印星)으로 문서화된 상관(傷官)의 힘인 것이다.

그러나 편인(偏印)은 조금 다르다.

편인과 상관은 과정과 검증을 거치지 않은 문서화된 에너지로 정당성이 결여되어 있다.

거기에 편재(偏財)까지 만나면 욕심이 만들어져 사기꾼으로 전락할 수도 있다.

즉 **상관+편인+편재**의 구성은 자칫하면 불법적인 일로 빠져들 수 있다는 것이다.

가장 완벽한 조합은 **상관+정인+재성**의 조합이다.

상관(傷官)이 최악이 되는 경우는 정관(正官)과 만나는 것이다.

이를 상관견관(傷官見官)이라고 하는데 이는 앞서 충분히 설명하였다.

정관(正官)은 사회적 약속이고 보호망이고 만들어진 울타리이다.

그것이 무너지는 것으로 매우 심각한 결과를 초래한다.

> ※ 상관상진(傷官傷盡)이란 두 가지 의미가 있는데, 첫째 상관(傷官)을 극
> (剋)하여 상관(傷官)이 기진맥진해졌다는 의미와 사주에 관성(官星)이 없거
> 나 있어도 무력하여 쓸 수 없다는 의미이다.
>
> 상진(傷盡) : 상관(傷官)이 다하다, 진(盡): 다하다, 죽다, 끝나다.
>
> 실질적으로 쓰이는 것은 관성이 없을 경우 상관의 기운이 좋게 작용한다
> 는 의미이다.
>
> 그러나 상관상진(傷官傷盡) 사주의 경우 관성(官星) 운이 들어오면 매우 큰
> 사건 사고가 발생한다.
>
> 속된 말로 '한 방에 훅 간다'란 의미이다.
>
> 잘나가던 사람이 한순간 몰락하는 경우이다.

◉ 상관과 관련된 사자성어

상관패인(傷官佩印): 상관이 정인을 만나다.

상관상진(傷官傷盡): 상관이 상관을 만나다.

상관견관(傷官見官): 상관이 정관을 만나다.

이 세 가지를 반드시 구분하고 이해해야 한다.

4. 편재(偏財) 정재(正財)

◎ 편재(偏財)의 특성

편재(偏財)는 '욕심의 아이콘'이다.

욕심은 결과를 추구하는 성분이다.

결과를 가져오기 위해 계산, 예측, 계획을 해야 한다.

"너의 것을 내가 가지고 싶다."가 편재의 존재 이유이다.

그것을 가져오기 위해서는 몇 가지 필요충분조건이 있다.

첫 번째 일간(日干)이 힘이 있어야 하고 식상(傷官)이 있어 식신생재(食神生財)의 구조가 되어 있어야 한다.

즉 신왕(身旺)해야 재성을 내가 다룰 수 있고, 가져올 수 있다는 의미이다.

반대로 내가 신약(身弱)하면 재성(財星)에 오히려 휘둘려 인생 자체가 힘들어진다. 평생 돈, 돈, 돈 하면서 사는 인생이 된다.

이것이 편재가 가지고 있는 확장성과 공유성이다.

확장하기 위해서는 공유해야 하고, 여기에는 시간보다는 공간의 개념이 들어간다.

편재(偏財)와 정재(正財)를 합쳐 재성(財星)이라고 부른다.

재성(財星)은 돈 재물을 상징하며 육친(六親)으로 남자에게는 아내, 애인, 아버지를 의미한다.

그중 편재는 확장성과 개방성적인 특징이 있어서 일확천금, 뭉칫돈의 개념이 들어가 있다.

고위험, 고수익 구조로 되어 있는 것이다.

정재는 안정성을 추구하기 때문에 공간의 개념이 아닌 내가 일한 만큼의 시간을 결과로 얻기를 원한다.

하지만 편재는 확장성과 개방성을 추구하기 때문에 시간이 아닌 공간을 사용하여 수익을 만들려고 한다.

공간을 쓴다는 의미는 체인점, 가맹점의 개념이다.

나와 같은 것을 많이 만들어 수익구조를 확대 재생산하려는 것이다.

즉 같은 것을 재생산하여 끝없이 확장하려는 심리이다.

그래서 편재는 여자를 만나도 한 여자에게 만족하지 못하고 이리저리 계속 기웃거리는 바람둥이형이 많다.

과거, 남성에게 돈과 여자는 같은 의미였다.

따라서 재물과 여성을 권력의 부산물이나 상징으로 보았고 남성만의 전유물이라고 생각했었다.

그러나 현대는 여성의 사회진출과 권력의 평등화 현상이 사회 전반에 일반화되어서 더 이상 재물과 권력도 남성만의 전유물이 아닌 것이 되었다.

우리나라만 하더라도 아직 사회적으로 많은 문제가 남아있지만, 국가기관이나 기업 등 사회 곳곳에서 여성들이 맹활약하고 있고 여성의 취업과 사회진출에 대한 제한이 실질적으로 사라진 상태이다.

즉 법률적으로는 물론이고 현실적으로도 여성의 사회진출은 남성과 거의 동등해지고 있다.

육군사관학교, 경찰대, 군·검·경, 심지어 장관 대통령까지 여성이 못 갈 곳은 이제 없어졌다.

현대사회에서는 여성도 남성과 동등하게 재성(財星)의 권력을 함께 가질 수 있다는 의미이다.

재성의 육친적 관점은 남자에게 아내, 애인, 아버지가 된다.

그래서 남성에게 재성(財星) 운(運)이 들어오거나 재성이 합(合)이 되면 결혼 운이 들어왔다고 하는 것이다.

재성(財星) 운은 상관(傷官)과 비슷한 점이 있는데 뭔가 새로운 것을 시도하고 싶은 충동이 강해진다는 점이다.

그래서 상관과 재성이 만나면 새로운 시도를 한다.

기존 세상에 없었던 물건을 만들려 하고 기존에 있었던 것을 재구성하려고도 한다.

또한 편재(偏財)와 상관(傷官)은 유흥과 재미에 깊이 빠지는 경향이 있다.

그래서 편재+상관이 있는 사람은 과정이 재미없으면 금방 싫증 낸다.

사람의 관계에서도 마찬가지이다.

애인이 자신을 즐겁게 해주지 못하면 곧바로 떠날 준비를 하는 사람이 편재가 발달한 사람이다.

편재는 개방성을 지니고 있지만, 소유의 개념은 없다.

함께 공유하고 즐기자는 확장적 성향을 가지고 있기 때문이다.

그래서 편재와 상관이 있는 사람은 끊임없이 호기심이 충족될 만한 사건 사고가 계속 있어 줘야 하고 그런 상황들을 추구하며 산다.

때문에 **편재+편관+상관**이 만나면 대형사고를 일으킬 가능성이 매우 커지는데 나쁜 의미와 좋은 의미가 동시에 있다.

좋은 의미는 개혁이나 혁명이고 나쁜 의미는 범죄 관련된 사건·사고에 관련될 수 있다는 것이다.

남자들의 대부분은 편재적인 여자를 선호한다.
애교가 많고 눈치가 빠르며 재미있기 때문이다.
한마디로 여우 같은 애인 아내이다.

하지만 여자의 경우는 반반이다.

재미와 유흥을 아는 편재적인 남자를 선호하는 여성이 절반 정도이고 보수적이고 따분하지만 성실한 남자를 선호하는 여성이 절반 정도 된다.

어떤 선택이 올바른지는 정답이 없다. 그저 각자의 선택이고 성향일 뿐이다.

그런데 여기서 한 가지 조언은 할 수 있다.

자신과 반대되는 성향이 있는 사람을 선택하는 것이 좋다.

부부는 서로 채워주는 관계가 가장 이상적이다.

서로 채워준다는 의미는 같은 방향으로 움직인다는 것이다.

사랑이란 서로 마주 보는 것이 아니라
같은 방향을 바라보는 것이다.

-『어린 왕자』-

◉ 정재(正財)의 특성

정재(正財)를 한 마디로 표현한다면 '항상성과 안정성'이다.

정재는 변화와 모험을 싫어한다.

늘 같은 직장, 늘 같은 음식, 늘 사람들과 어울리기를 좋아한다.

누구에게 자기 것을 빌려주거나 주는 것도 싫고 이유 없이 남의 것을 빌려 쓰는 것도 좋아하지 않는다.

같은 자리에서 내 것을 아껴 쓰고 자식에게 물려주는 것을 최고의 덕목으로 생각한다.

그래서 정재(正財)가 토(土)에 해당하는 사람은 알뜰하다 못해 구두쇠란 타이틀이 주어지기도 한다.

같은 재성인데도 정재와 편재는 상반된 특징들이 많이 있다.
이것이 바로 음양(陰陽)의 차이인 것이다.
"정재는 안정성, 항상성, 보수성, 순차성, 소유성으로 대표된다."

계획하고 예측하고 계산하는 능력은 편재와 비슷하나 세밀하고 꼼꼼한 것은 더 뛰어나다. 사람을 만나더라도 내 것, 내 소유의 개념이 들어간다. 그래서 더 소중히 여기며 아껴 쓰고 저축하는 것이다.

그러나 정재는 남에게 피해를 주면서 자신의 이익을 좇거나 불법적인 일을 해서 돈을 벌진 않는다.

보수적이고, 안정적인 것을 추구하며 내가 주체가 되는 사업보다는 뒤에서 도움을 주는 참모나 브레인 역할이 더 잘 어울린다.

또한 보수성과 완벽주의적 성향이 있어, 자신의 목적을 순서에 따라서 하나씩 순차적으로 풀어나가는 스타일이다.

무리한 모험을 절대 하지 않으며, 투기성 있는 것은 아예 근처에도 얼씬거리지 않는다.

이성적인 판단이 강하고 한번 사람을 믿으면 끝까지 믿고 따른다.

신의를 잘 지키며 조심스러운 성격에 실수를 거의 하지 않으며 고정적인 재물과 나만을 바라보는 사람을 선호한다.

"한마디로 정재는 소유욕이 있는 안정감이다."

또 정재(正財)는 위치에 따라서 큰 영향이 있는데 여성의 경우는 지지(地支)에 있는 것이 좋고 남성의 경우는 천간(天干)에 있는 것이 좋다.

⊙ 정재(正財)의 부정적인 면

정재(正財)가 발달한 사람이 계산적이고 구두쇠처럼 보이는 경우가 많다.

또 성격이 치밀하고 빈틈이 없어 자칫하면 인간미가 없고, 지나치게 계산적인 인간으로 비칠 수 있다.

이것이 사람에게 잘못 적용되면 의심증, 편집증 등이 될 수 있다.

특히 편인(偏印)과 정재(正財)가 만나면 의심이 소심함으로 나타나는데 24시간 안테나가 내 배우자에게 있게 된다.

일명 부정망상이라고도 하는데 심하면 의처증 의부증이 되기도 한다. 그래서 정재가 발달한 사람에게 편인 운(運)이 들어오면 가정이 평온하지 못하다.

원진 귀문살과 비슷한 작용을 하는데 이때는 비겁(比劫)이 있어야 제어가 된다.

반대로 정재(正財)와 정관(正官), 정인(正印)이 만나면 현모양처, 통 큰 인격이 된다.

사람들로부터 존경받는 사람이 되는 것이다.

정재+정인, 정재+정관은 이미 절차와 과정을 통과하여 정당성이 확보된 것을 의미한다.

예전에는 여성에게 정재가 최고의 길성(吉星)이었다.

어려운 살림에 알뜰한 것이 최고의 덕목이었고 여성의 사회진출이 엄격하게 제한되어 있었기 때문이다.

하지만 현대는 정재보다 편재가 더 각광받는 시대가 되었다. 여성의 사회적 진출이 늘어나고 여성도 유흥과 재미를 남성과 똑같이 누릴 수 있으며 사회적 시대적 요구가 정재적인 성향보다는 편재적인 성향이 더 커졌기 때문이다.

5. 편관 정관

◎ 편관(偏官)의 특성

편관(偏官)의 사전적 의미는 치우친 관(官)이란 의미이다.

정관(正官)이 올바른 관(官)이라고 하는 것에 비해 너무 혹독한 이름이 아닌가 하는 생각이 들기도 한다.

왜냐하면 관성(官星)의 기본은 명예 통제 직장 울타리 능력을 의미하기 때문이다.

도대체 편관(偏官)은 무엇이기에 이런 타이틀이 붙여진 것인지 알아보자.

편관(偏官)을 사회적 관점으로 보면 명예와 직장 책임감이다.

그러나 그 속에는 예측 불가한 사건 사고가 내재해 있다.

왜냐하면 심리적으로 편관 속에는 도전 모험의 성향이 있기 때문이다.

이미 기존에 만들어진 틀 속에서 안정적으로 살면 되는데 편관은 역마(驛馬)의 기운이 있어 역동적이고 긴장감 있는 일을 추구하려는 경향이 있다.

만일 식신(食神)이 잘 상생(相生)되어 식신제살(食神制殺)이 된다면 모험과 도전 속에서 큰 성취를 맛볼 수 있겠지만 만일 식신제살(食神制殺)이 안 된다면 편관(偏官)은 칠살(七殺)로 변해 일간을 무자비하게 공격할 것이다.

칠살(七殺)은 일간을 향해 있는 총칼의 의미가 있다.

즉 편관(偏官)의 길흉(吉凶)은 식신(食神)에 달려있다고 해도 과언이 아니다.

편관(偏官)은 한마디로 F.M.(원리원칙주의자)이다.

강한 자기 통제와 책임감으로 맡은 바 임무가 주어지면 아무리 어려운 역경이 있어도 해내고야 만다.

역사를 통해 보면 이순신 장군, 안중근 의사처럼 모진 풍파와 시련을 이겨내고 자기완성이나 이타적인 행위로 나라를 구하는 사람들은 모두 편관(偏官)이 있다고 보면 된다.

편관(偏官)이 있다는 것은 인생이 순조롭지 않고 시련, 도전, 모험이 늘 상존하고 있음을 내포하고 있다.

당연히 그것을 해결할 능력과 지혜가 있는 사람을 **식신제살(食神制殺)**형 인간이라 하는데 만약 식신 대신 상관이 있다면 **상관제살(傷官制殺)**이 될지는 의문이 든다.

전혀 도움이 안 된다고는 볼 수 없지만, 식신(食神)만큼 완전한 제살은 어려울 것이다.

실제 임상에서는 **상관제살(傷官制殺)**도 상황에 따라 절반 이상 역할을 하는 것으로 나타났다.

이가 없으면 잇몸이라는 속담처럼 급하면 우선 가까이 있는 것을 갖다 쓸 수밖에 없다.

자수성가와 가장 제일 어울리는 단어는 '**식신제살(食神制殺)**'이다.

편관과 식신, 그리고 정인까지 잘 어우러진 사주는 만인으로부터 존경받는 사람일 가능성이 크다.

식신제살(食神制殺)과 관인상생(官印相生)이 동시에 되었다는 것은 인품과 능력을 함께 지닌 것과 같다.

편관은 인성을 생(生)해 주고 비겁(比劫)을 극(剋)한다.

생(生)은 관인상생이 되어 좋은 작용을 하는 데 비해 극(剋)은 정극(正剋)으로 비겁(比劫)을 상하게 할 수 있을 만큼 위협적이다.

편관은 여성에게 육친(六親)상 남편, 애인을 의미한다.

과거에 비해 남편이 여성에게 미치는 영향이 적어진 것은 사실이지만 아직 여성에게 배우자는 막대한 영향을 미친다.

여성에게 관성은 자신의 지위이자 명예가 되기 때문이다.

남자의 직업이나 신분에 따라 자신의 위치도 결정되는 것이다.

남편이 의사면 의사 부인, 남편이 판사면 판사 부인, 남편이 교수면 사모님이 된다.

즉 남편의 신분에 따라 자신의 위치도 결정되기 때문에 여성에게 관성은 육친상 가장 중요한 십성이라고 할 수 있다.

여성 사주에 관성이 고(庫)에 있거나, 지지(地支)에 편관이 있으면 안 좋다고 보는 이유는 그 때문이다.

남편이 남편 역할을 못 하기 때문이다.

이럴 경우, 차라리 관성(官星)이 없는 것이 낫다.

관성은 육친적 관점에서는 여성에게 중요하고 사회적, 심리적 관점에서는 남성에게 중요하다.

일부 고전 학설에서는 편관을 가장 나쁜 흉신(凶神)으로 보기도 하는데 그것은 식신이 없었을 때이고 식신이 있고 정인이 있다면 오히려 최고의 길신 작용을 할 수 있다는 것도 잊지 말아야 한다.

편관이 있는 사람은 멋이 있다.

편관에는 개척, 도전, 모험, 진취적 기상, 원리원칙 정의가 있다.

◉ **정관(正官)의 특징**

정관(正官)을 한마디로 규정하자면 '정직한 합리주의'로 표현할 수 있다.

정관도 편관과 마찬가지로 자기 제어, 명예, 책임감이 있지만 편관에게 는 없는 항상성, 안정성, 보수성을 더 가지고 있다.

정관은 안정적인 직장에서 항상 같은 사람들과 지속해서 변함없이 살 아가길 원한다.

변화도 싫고 모험이나 도전은 더욱 관심이 없다.

다소 게으르기도 하지만 이것은 단순히 게을러서 생긴 성향이 아니고 안정성을 담보하기 위해서이다.

스스로 나와 내 가정을 지키기 위해서는 어쩔 수 없는 선택이다.

여성의 경우 천간(天干)에 정관이 1개만 있으면 남자 복이 있다.

즉 정관은 딱 1개만 있는 것이 좋고 정편관(正偏官)을 함께 가지고 있으 면 관살혼잡(官殺混雜)이라 하여 남자 복이 없고 직장도 불안정해지는 작 용을 한다.

정관(正官)과 편관(偏官)을 관성(官星)이라 부른다.

관성(官星)의 특징은 제어하고, 억제하는 기능인데 오행(五行) 중 금(金) 의 기능과 비슷한 면이 있다.

상관(傷官)이 있으면 상관(傷官)의 넘치는 활동성과 경박함을 제어하고 편 재(偏財)가 있으면 음주·가무나 투기적인 사업에 제동을 거는 역할을 한다.

정관(正官)이 발달한 사람은 명예와 정직 신용을 생명처럼 여긴다.

합리적인 사고방식으로 쓸데없는 지출이나 에너지 소모는 하지 않는다.

자신의 가족과 일에 충성을 다하며 한눈을 파는 법이 없다.

새로운 공간이나 사람에게 쉽게 적응하는 편은 아니나 한번 인연을 맺 으면 오래가고 배신하지 않는다.

주말이면 종일 텔레비전이나 컴퓨터 게임으로 시간을 보내지만, 자신은 늘 가족을 위해 최선을 다한다고 생각한다.

편관(偏官)보다는 통이 작으나 자신의 가족에게 쓰는 재물은 아끼지 않는다.

여성에게 운(運)에서 관성(官星)이 들어오면 연애, 결혼 운이 들어오는 것으로 새로운 인연을 만나거나 직업에 변동이 있을 수 있다.

요즘은 여성의 사회적 진출이 많아져서 예전처럼 관성 운이 들어왔다고 무조건 남자 운으로 해석하면 안 된다.

관합(官合)이 되거나 식상운(食傷運), 식상합(食傷合)이 들어왔을 때는 결혼 운(運)일 가능성이 크다.

관성, 관합 운 때 남자를 만나 식상운 때 결혼하는 경우가 매우 많다.

남성에게 관성은 사회적 관점과 심리적 관점에서 매우 중요하다.

사회적 관점에서는 직장에 해당하기 때문이고 심리적 관점에서는 통제력이 되기 때문이다.

즉 남성 사주에서 관성이 문제가 생겼다는 것은 직장과 통제력에 이상이 생겼다는 의미가 된다.

따라서 상관 운이 들어올 때 정관이 파괴되는 것을 막기 위해 해야 할 것은 수성(守城)이다.

수성(守城)이란 성을 지킨다는 의미로 현상 유지를 뜻한다.

창업, 확장, 이전, 이동, 투자, 대차 등 모든 것을 금지해야 한다.

정관+정재는 현모양처이고 거기에 정관+정인까지 만들어지며 최고의 여성상이 된다.

예전 같으면 국모의 자격을 얻었다고 할 수 있다.

이는 정관(正官)의 합리적인 면과 매너적인 면이 정인(正印)의 따뜻한 마음과 결합하여 이상적인 여성상이 되기 때문이다.

사주에 인성(印星)이 없을 때 정관(正官)은 무형적 의미에서 인성(印星)의 역할을 한다.

정관(正官)은 한마디로 현모양처와 신사의 이미지이다.

그러나 정관은 오너(주인)보다는 참모나 최고 경영자(CEO)가 더 잘 어울린다.

자신이 직접 조직을 끌고 나갈 힘은 없다.

정관(正官)이 과다할 경우 관다신약(官多身弱) 사주가 되어 우유부단하고 게으르며 직업의 안정성이 없어 경제적으로 매우 궁핍할 수 있다.

정관은 애인으로는 50점, 남편으로 100점짜리 남자이다.

남편감으로 **정관+재성+식신**은 최고의 조합이다.

6. 편인 정인

편인(偏印)을 한마디로 정의하면 '불안정한 재능'이다.

불안정의 이유는 체계적이지 않기 때문이다.

시간을 통해 순차적으로 검증을 거치지 않은 지식과 문서이므로 한순간 무너질 수 있다.

정인(正印)이 계단이라면 편인(偏印)은 사다리로 비유할 수 있다.

정인이 순차적인 검증을 통해 축적된 지식과 경험이라면 편인은 즉흥적으로 만들어진 지식과 경험이기 때문에 식상(食傷)을 이용하여 출력해서 사용할 때 문제가 발생한다. 그래서 편인의 문서는 당당하지 못하다.

당당하지 못한 이유는 자신이 가지고 있는 문서에 대한 자신감이 없어서이다.

자신감이 없다 보니 늘 불안해하고 의심이 많아지는 것이다.

항상 불필요한 생각이 끊임없이 떠오르는 편인의 특성은 의심, 자존감 결여, 우울감으로 나타날 수 있다.

편인(偏印)의 재능은 치우친 고독한 재능이다.

그래서 마음이 늘 허기지고 외롭다.

생각은 지나치게 많고 부정적인데 결론은 늘 일어나지 않는 **부정 망상**으로 끝이 난다.

그러나 관성(官星)을 만나면 그 안에서는 숨어있던 반짝거리는 재능이 드러난다.

편인의 재능은 관성을 만나야 비로소 세상 밖으로 나온다.

그래서 편인(偏印) 옆에는 관성(官星)과 재성(財星)이 있으면 좋다.

관성은 편인에게 용기를 주고, 재성은 편인을 세상 밖으로 나가게 한다.

특히 편인이 화(火)에 해당할 때 재능은 더욱 빛난다.

편인은 비견만큼이나 남에게 간섭받기 싫어하지만, 비견과 달리 고집도 주체적이지도 않다.

그저 고독하고 혼자 있고 싶을 뿐이다.

그래서 다분히 철학적, 종교적인 색채가 강한 것이 편인의 모습이다.

편인(偏印)과 정인(正印)을 합쳐서 인성(印星)이라 부른다.

인성(印星)을 한마디로 표현하면 '모성애'이다.

인성의 가장 큰 장점은 수용력과 인내력이다.

이 2가지가 지닌 특성은 인생을 풍요롭게 만드는 원동력이 되어 준다.

인생에서 남의 말을 받아들이고(소통) 힘들어도 참고 견디는 힘은 매우 중요한 요소이다.

반대로 편인의 가장 큰 단점은 일부를 가지고 전체를 잘못 판단하는 오류를 범하기 쉽다는 것이다.

즉 사실관계를 잘못 판단하여 엉뚱한 방향으로 갈 수 있다는 것이다.

그러나 편인+식신이 만나면 사회적, 육친적으로는 나쁘게 작용하나 연구적인 면에서는 외골수적인 깊이가 학문적으로 발현되어 위대한 창작품이나 발명품을 만들 수 있는 장점으로 발현되기도 한다.

사주에 정편인(正偏印)이 함께 있는 경우는 생각이 지나치게 많아지면서 행동력은 약해질 수 있다.

또 편인(偏印)이 토(土)에 해당하면 인생과 종교에 대한 깊은 사색에 빠지기도 하고 종교적인 직업을 선택하기도 한다.

그래서 좋은 방향에서 편인(偏印)이 잘 발현되기 위해서는 관성(官星)뿐 아니라 상관(傷官)의 역할도 매우 중요하다.

인성(印星) 자체가 내 의지와 상관없이 주어진 것이기 때문에 본능적으로 쓸 수 있는 상관이 있어야 편인이 빛날 수 있는 것이다.

육친상으로 편인을 계모라고 하는데 이는 큰 의미가 없으며 그냥 어머니로 보면 타당하다.

편인이 가장 주의해야 할 점은 순차적이지 않다는 것이다.

순차적이지 않다는 것은 지식과 경험이 축적되는 힘이 약해진다는 것을 의미한다.

초등학교 때 100점 받던 아이가 고등학교 때부터는 성적이 급격히 떨어지는 경우가 바로 이 때문이다.

정인과 비교하면 편인은 그런 면에서 전혀 다른 특징이 있다.

정인이 계단이라면 편인은 사다리이다.

계단으로 차곡차곡 쌓아 올린 지식은 시간이 갈수록 풍성해지지만, 사다리로 급격히 쌓아 올린 지식은 시간이 갈수록 바닥을 드러내게 되어있다.

편인의 사다리는 한순간 무너질 수 있어서 어려서부터 학습방식을 바꿔줘야 한다. **그날 배운 것은 반드시 그날 복습하는 습관을 갖도록 해야 한다.**

편인은 식신과 만나면 한 분야에서 전문가가 될 수 있다.

그렇기 위해서 이 아이가 어떤 것에 재능이 있는지 찾아내는 것이 매우 중요하다.

⊙ 정인(正印)의 특성

정인(正印)을 한 마디로 표현한다면 '문서화된 저장장치'라고 할 수 있다.

정인은 계단식으로 체계와 순서를 지켜 쌓아 둔 지식과 경험이기에 쉽게 무너지지 않고, 사회적으로도 그 활용가치가 매우 높다.

다소 느려 보이고 요령이 없는 것 같지만 실제로 어느 순간부터는 가속도가 생겨 편인(偏印)보다 습득 저장 속도가 훨씬 빨라진다.

실제로 초등학교 중학교까지는 정인보다 편인이 더 뛰어나 보인다.

그러나 고등학교 대학교 사회로 나오면 정인이 훨씬 탁월한 실력을 드러내기 시작한다.

이는 정인(正印)의 특성 때문이다.

정인은 순차적으로 시간을 두고 검증을 모두 거친 인정받은 문서이다.

따라서 그 누가 봐도 인정할 수밖에 없다. 그래서 정인이 잘 발달한 사람은 자신감이 있다.

자신이 쌓아온 지식과 경험들이 쉽게 무너지지 않는다는 것을 알기 때문이다.

정인(正印)은 최고의 저장장치이다. 안에 무엇을 저장하든지 필요할 때

꺼내 쓸 수 있게 최적화되어있다.

이때 필요한 것이 식상(食傷)이다. 식신(食神)이든 상관(傷官)이든 다 좋다.

따라서 인성이 과다한데 식상이 없을 경우 무대공포증 및 자신이 아는 것을 사용할 수 없게 될 수도 있다.

즉 정인과 식상은 상극(相剋)관계이면서 상호 보완 관계임을 잊지 말아야 한다.

정인(正印)은 육친적으로 보면 남녀 모두 어머니이고 심리적으로 보면 수용성, 인내, 직관력, 의존성, 기억력 등으로 표현될 수 있다.

사회적 관점으로는 학문 공부이다.

정인은 본능적으로 관성을 보호하려는 심리가 강하다.

관성은 기존에 가지고 있는 사회적 울타리이다. 그 사회적 울타리 안에는 가정, 직장, 명예, 전통 등이 포함되어 있다.

정인은 그것을 보호하고 유지하려는 성향이 강하다. 그래서 과거에는 관인상생(官印相生)된 사주를 최고로 인정했던 것이다. 그것은 정관이라는 소중한 가치를 정인이 보존해 주었기 때문이다.

전통사회에서 정인+정관이 최고의 덕목이 될 수 있었던 이유이기도 하다.

옛날은 물론이고 아직도 관인상생(官印相生)은 누구나 좋아하는 인간상이다.

관인상생이 된 사람은 일단 품격과 여유가 있다.

덕(德)이 있는 사람처럼 향기가 나고 주변 사람들에게도 큰 영향을 미친다.

또 정인(正印)이 일지(日支)에 있는 사람은 직관력이 발달하였다.

꿈, 예감이 잘 맞는 편이다.

특히 정인이 오행 중 유금(酉金)이 해당하면 그런 특성이 더 뚜렷해진다.

정인의 단점으로는 과다 시 의존성이 강해진다는 것인데 남자의 경우 마마보이, 여성의 경우 고집이 강해져 타협이 잘 안 되는 성격인 경우가 많다.

인성(印星)과 재성(財星)의 만남은 현실적인 가치가 부여된다고 할 수 있다.

인성은 문서이고 재성은 가치이다.

이 둘이 만나면 문서의 가치가 발생하는 것이다.

대표적인 것이 부동산, 지적 재산권 등이다.

인성은 사고계이다. 즉 생각의 영역이기 때문에 오행상 수(水)에 해당하면 매우 지혜롭고 영리한 사람일 가능성이 크다.

반대로 인성이 화(火)에 해당한다면 자신을 드러내려는 성향이 강해져 학문적 성과를 널리 알릴 수 있는 장점이 있다.

그러나 여기에는 반드시 필요조건이 있다. 목(木)이 있어야 한다는 것이다.

이것 역시 관인상생(官印相生)을 말하는 것이다. 따라서 인성이 있으면 옆에 관성이 있는지 살펴보아야 한다.

정인(正印)은 비겁(比劫)을 생(生)해 주고 식상(食傷)을 극(剋)한다.

그래서 내가 약할 때는 정인이 도움이 되지만, 내가 강할 때는 식상을 극(剋)하여 직업, 직장에 문제를 발생시킬 수도 있다.

여성에게 정인(正印)은 최고의 무기이다.

여성은 음(陰)의 영역이기 때문에 정인이 잘 발달되어 있으면 팜므파탈의 매력이 발산된다.

중국의 경국지색 미녀들도 모두 관인상생(官印相生) 사주라는 말이 있다.

정인(正印)은 직관력이 있는 매력적인 십성(十星)이다.

※ 인성(印星)에 따른 학습 방법

대한민국 모든 부모는 학부모라는 말이 있다.
그만큼 자녀에 대한 학문적 성취 욕구가 크다는 의미이다.
공부를 잘하는 사주는 어떤 모양을 하고 있을지 살펴보자.
가장 공부 잘하는 사주 구조는 정인+식신+겁재의 구조이다.
정인의 수용 저장능력, 식신의 전문가적 성향. 겁재의 승부사적 기질이
만나면 학습능력이 매우 뛰어나게 된다. 이때 변수는 운(運)의 영향도 크
게 받는다.

아이 때 사주를 보면 이 아이가 공부를 잘 할 수 있는지 없는지, 또 처음
에는 잘하다가 뒤로 갈수록 실력이 떨어질지 그 반대의 경우에 해당할지
알 수 있는데 중요한 것은 사주를 알면 그것에 대해 보완이 가능하다는
것이다.
사주 감정은 병(病)이 있으면 반드시 약(藥)이 있어야 한다는 것이 필자의
대원칙이다.
처방전이 없는 진단은 의미가 없기 때문이다.

예를 들면 인성이 없는 아이와 식신이 없는 아이, 둘 다 없는 아이, 둘 다
있는 아이에 대한 처방이 모두 제각각 다르다.

인성이 없는 아이는 받아들이고 습득하는 속도가 느리므로 학습 포인트
가 '반복복습'이어야 한다. 그날 배운 것을 당일 복습하는 습관을 들이면
자연스럽게 무인성의 약점이 보완된다.
즉 인성이 없는 아이에게 예습은 효과가 미미하다. 오직 복습과 반복으
로 통해 순차적으로 지식을 쌓아올려야 효과적이다. 이 방식으로 어릴
때부터 공부를 한다면 무인성 사주라도 공부의 신이 될 수 있다.

또 인성은 있는데 식신이 없는 경우는 실전 시험과 자기 표현이 약하기 때문에 자신이 배운 것을 스스로 표현하고 가르치는 연습을 시켜야 한다. 자신이 배운 것을 표현하고 가르치는 과정에서 완벽한 학습이 이루어진다.

세상에 완벽한 사주는 없다. 단지 자신을 정확히 알고 부족한 것을 채우는 것이 가장 좋은 방법인 것이다.

오행적으로 보면 가장 이상적인 관계가 수생목(水生木) 목생화(木生火)의 관계이다.

즉 아이마다 적절한 학습 방법이 있다.

타고난 재능과 성향이 다른데 동일한 방식대로 공부한다는 것은 매우 어리석은 일이다.

예를 들어 정인+식신이 있는 아이가 재성이 발달했다면 성향은 이과 쪽 적성이 되지만 편인+상관이 있는 아이가 관성이 발달했다면 문과 쪽 적성이 된다.

물론 위치와 주변오행에 따라 조금씩 달라지지만 기본 성향은 크게 변동이 없다.

그러나 인성과 식신이 있다고 모두 공부를 잘하는 것은 아니다.

사주 전체의 조화와 균형 그리고 운(運)의 영향에 따라 달라진다.

제3장

사주,

운(運)을 디자인하다

1. 한순간 판단이 일생을 좌우한다

20세기 최고의 실존주의 철학자 샤르트르는 인생은 태어남과 죽음 사이에 존재하는 '선택'이라고 정의하였다.

즉 인생은 '선택'이란 과정을 통해 만들어진 시간이란 개념이다.

매 순간순간이 선택이고 결과이다.

기원 전 최대의 전쟁을 다룬 소설 『초한지』에 건곤일척(乾坤一擲)이란 말이 나온다.

건곤일척(乾坤一擲)이란 하늘과 땅을 두고 한 판 승부를 건다는 의미를 지니고 있다.

우리 인생도 단 한 번의 판단 착오나 선택으로 길흉(吉凶)이 완전히 뒤바뀌는 경우가 있다.

대개 한번 뒤바뀐 운명은 되돌리기가 쉽지 않다.

구속된 전직 대통령들의 면모를 살펴봐도 한순간의 잘못된 선택이 얼마나 무서운 결과를 가져오는지 알 수 있을 것이다.

히틀러의 잘못된 선택은 5,000만 명의 인류를 죽음으로 몰아갔고 자신도 자살로 생(生)을 마감한다.

사주에서 선택은 운(運)에 의해 가장 큰 영향을 받으며 운(運)은 세운(歲運)과 대운(大運) 월운(月運)과 일운(日運), 시운(時運)까지 다양한 형태로 존재한다.

다양한 운(運)들 중에서 자신의 사주원국과 여러 형태로 결합되는 상황이 일어날 때 사건 사고들이 발생하고 판단과 선택을 해야 할 일이 생긴다.

따라서 만일 사주와 **운(運)**을 미리 안다면 이에 대처할 수가 있다.

예를 들어 **'상관(傷官)'** 운이 들어왔다면 착각에 빠져 잘못된 판단을 할 가능성이 매우 높아진다.

이때는 자신이 판단하지 말고 주변 현인들에게 자문을 구하고 선택하든 지, 판단 자체를 보류해야 하는 것이다.

상관견관, 천라지망, 귀문관살

이 운(運)이 들어오면 중요한 판단 선택은 더욱 신중해야 하고 현인의 자문을 구해야 한다.

운명은 이미 결정된 것이 아닌 지금 내가 어떤 선택을 하는가에 따라 변화하기 때문이다.

학문은 반드시 논리가 뒷받침되어야 하고 논리는 임상실험을 통해 검증되어야 한다.

사주에서 '그냥'이란 말은 없어야 한다.

나쁘면 왜 나쁜지, 좋으면 왜 좋은지 명확한 기준과 논리가 있어야 한다.

사주원국에 충형(沖刑)이 있거나 운(運)에서 충형(沖刑)이 들어오면 무조건 나쁘고, 합(合)이나 용신(用神)이 들어오면 무조건 좋다는 식의 감정은 잘못된 것이다.

사주에서 '무조건'은 없다.
상황에 따라 상대적으로 변화하기 때문이다.

그 변화를 읽어내는 것이 사주의 핵심이라고 할 수 있다.

그렇다면 사주를 통해 우리가 미래를 어떻게 알 수 있는 것일까?

혹시 미신이 아닐까?

그런 의문을 품는 것도 사주를 모르는 분들에게는 지극히 당연한 일일지도 모른다.

미래를 본다는 의미는 신의 영역일 수 있기 때문이다.

흔히 미래를 보는 사람들을 신선 혹은 도사라고 부른다.

세상에는 가짜가 너무 많기 때문에 그들에 대해 부정적인 시각이 만연한 것도 사실이다.

진짜 도사는 스스로를 도사라고 말하지 않을 것이다.

그러나 실제로 이러한 사람들이 존재했다는 것은 엄연한 사실이다.

예로 제갈공명의 지략은 '천문(天文)'을 보고 해석하여 전략전술에 사용한 것이다.

즉 '천문'을 읽으면 자연의 이치를 알게 되고 자연의 이치를 사람의 인생이나 심리에 적용하면 사람의 미래를 예측할 수 있는 구조이다.

사람도 자연의 일부다.

자연의 법칙을 거스르면 당연히 재앙이 닥칠 수밖에 없고 순리에 따르면 일이 잘 풀릴 것이다.

인간은 계절의 변화를 학습하여 인성이라는 저장장치에 축적해 놓았고 이를 패턴화시킨 것이 사주이며 경험법칙이다.

※ 인성(印星)의 역할: 학습하고 학습된 것을 축적하는 저장 장치

봄이 오면 꽃이 피고 가을에 서리가 내리면 겨울이 임박했음을 예측할 수 있다.

이는 자연이 우리에게 알려준 정보들이다.

인류가 처음 천문에 대해 관심을 가지게 된 것은 농경문화의 시작으로 부터이다.

곡식을 재배하는 정착생활이 시작되면서 농작물에 영향을 주는 기후와 천문에 대한 연구가 시작된 것이다.

이후 인류는 천문(天文)을 통해 기후변화를 알아냈고 기후변화를 24절기로 부호화하여 인간의 운명을 연구하는 학문으로 발전시킨 것이다.

그것이 바로 **'사주명리학'**이다.

사주명리에는 **"생년월일시로 인간의 운명을 연구한다."**는 의미가 담겨 있다.

사주명리는 지극히 과학적이고 정확하다.

왜냐하면 자연법칙이기 때문이다. 봄 다음에 바로 가을이 올 수 없고, 겨울 다음에 여름이 올 수 없는 이치이다.

즉 24절기가 바뀌지 않는 한 사주명리도 정확하게 맞을 수밖에 없다.

그런데도 사주 감정이 틀리는 이유는 상담자의 잘못된 해석 때문이지 사주가 비과학적이고 미신이어서가 아니다.

사주명리는 매우 어려운 공부이다.

누구나 제갈공명이 될 수는 없다.

100명이 사주공부를 시작하면 1%만 정상에 오를 수 있을 만큼 높은 산과 같은 학문이다.

그리고 그 산을 정복하기 위해서 가장 중요한 것은 기초 이론인 '음양오행(陰陽五行)' 이론이다.

시중 인터넷에 올라온 사주동영상 강의자 중에 음양(陰陽)의 개념을 정확히 설명하는 분은 거의 찾아볼 수가 없었다.

사주를 업(業)으로 삼고 있는 사람들 중 상당수가 음양(陰陽)의 이치도 모르고 사주 감정을 한다는 것이 충격적이었다.

태양이 양(陽)이고, 달은 음(陰)이며 남자는 양(陽)이고, 여자는 음(陰)이라고 설명하는 것은 **1+1=2**란 설명과 같은 초보적인 생각이다.

사주에서 중요한 것은 1+1=2가 아니고 **1+1=2는 왜 무엇 때문에, 무엇을 위해 만들어진 것이냐이다.**

그런데 대부분은 1+1=2만 설명하고 있다.

이 이치를 모른다면 사주명리는 영원히 알 수 없다.

음양(陰陽)은 억부(抑扶)도 되고 한난조습(寒暖燥濕)의 조후(調候)도 되며 통관(通關) 등 어떤 형태로도 나타날 수 있다.

2. 사주는 인생의 일기예보이다

사주는 자신이 어떤 사람인지에 대해 객관적인 정보를 제공하고 그에 맞는 우산을 제공해 준다.

사람은 눈과 귀가 있지만 자신의 모습과 소리를 정확히 볼 수도 들을 수도 없다고 한다.

거울을 통해 본 자신의 모습은 실체가 아닌 거울에 반사되어 투영된 가형(假形)일 뿐이며 소리 또한 입과 귀의 같은 위치로 인해 제대로 들을 수 없다고 한다.

즉 사진이나 녹음된 소리가 거울의 모습과 다르게 보이고 다르게 들리는 이유는 자신의 실체가 아니기 때문이다.

사주명리는 그런 점에서 매우 유용한 기능을 지니고 있다.

내가 누구인지, 무슨 일을 해야 하며 어떤 사람을 만나야 하는지, 언제 조심하고 언제 창업해야 하는지 등의 많은 정보가 숨겨져 있다.

자신의 사주를 안다는 것은 그러한 정보들을 미리 알고 활용할 수 있다는 의미이다.

상담 중 간혹 미래에 대한 질문을 받게 된다.

"모든 사건 사고들이 이미 연극 대본처럼 정해져 있는 것인가?"라는 질문이다.

이 질문에 대한 답변은 정확하게 말해 줄 수 없다.

왜냐하면 사건 사고가 미리 정해진 것은 아니지만, 그 시점에 사건 사고가 많이 일어날 가능성이 높은 것은 사실이기 때문이다.

때문에 조심하고 대비해야 한다는 조언만 해줄 수 있을 뿐이다.

그 조심과 대비 안에는 해야 할 것과 하지 말아야 할 것들은 정해져 있다.

사주에서 미래를 보는 것은 예언이나 신점처럼 내일 일어날 사건 사고가 이미 정해져 있는 것과는 상당히 다른 과학적 개념이 있다.

"그냥"이 아닌 사건 사고가 일어날 개연성이 높은 시기가 논리적으로 정해져 있다는 것이다. 주로 합형충해파 운(運)에 의해 사주의 균형이 훼손되었을 때이다.

실제 사주의 흉운(凶運)에서 사건 사고가 발생하는 사례는 확률적으로도 절반 이상을 차지할 만큼 정확하다.

다만 개인에 따라 흉운(凶運)의 강약에 있어서 개인차는 있을 수 있다.

즉 처한 상황이나 개인의 선택 성향 환경에 의해 약하게 지나가는 사람이 있는가 하면 죽을 만큼 힘든 사람, 진짜 죽는 사람도 있다는 것이다.

여기서 중요한 것은 약하든 강하든 실제로 근거를 가지고 일어난다는 것이다.

우리는 병원에서 특정 부위가 안 좋다는 진단을 받으면 치료를 받는다.

그것은 병원에 대한 사회적 공신력이 있기 때문이다.

그러나 사주에서 운명의 진단을 받으면 좋은 것은 믿는 편인데 나쁜 것은 미신으로 넘기는 경우가 대부분이다.

사실 반대로 해야 한다.

좋은 일에는 대비가 필요 없지만 나쁜 일에는 대비가 필요하기 때문이다.

만일 사주상담도 사회적 공신력이 있다면 사주 상담가의 진단에 따라 치료를 받지 않을까 하는 아쉬움이 있다.

운명은 내가 만들어 가는 것이다. 정해진 운명은 없다.

지금 나의 선택이 내 미래가 되는 것도 부인할 수 없는 사실이다.

우리가 잊지 말아야 할 것은 사주명리는 서양의학보다도 훨씬 더 오랜 역사를 지녔고 긴 세월 동안 검증도 충분히 거쳤다는 것이다.

사주명리는 과학이며 21세기 미래형 실용학문이다.

사주 상담가의 충고도 흉운(凶運)도 반드시 명심하고 대비해야 한다는 것이다.

3. 용신(用神)은 사주의 비타민

용신(用神)은 사주의 비타민이지만 만병통치약은 아니다.

용신(用神)운이 들어오면 무조건 잘될 거란 착각에 빠진다.

예를 들면 관성(官星)이 용신인 사람에게 관성(官星)운이 들어왔다고 가정해 보자.

당연히 길운(吉運)에 해당하니까 투자나 창업을 시작할 것이다. 그런데 만일 이 용신(用神) 운이 아래 경우에 해당한다면 용신(用神)은 그 작용을 멈추고 오히려 나쁘게 작용할 수 있다.

● **용신운(用神運)이 길신(吉神)으로 작용을 하지 못할 때**

가. 용신이 합(合)이 되어 기신(忌神)으로 변할 때

나. 용신이 충형(沖刑)될 때

다. 용신이 입묘(入墓)될 때

라. 용신이 공망(空亡)에 해당할 때

마. 용신이 천라지망, 상관견관, 귀문관살에 해당할 때 등 기타

바. 기타 흉살 및 파해(破害)에 해당할 때

이외에도 다수 있다.

(만일 위의 것도 모르고 있었다면 즉시 용신 해석은 그만두어야 한다)

즉 사주의 비타민, 용신이 운(運)에서 들어와도 위의 모든 것들을 확인한 후 길흉(吉凶)을 정해야 한다는 것이다.

만일 한 가지라도 놓치게 되면 정반대의 해석이 나올 수 있기 때문이다.

사주의 해석이 틀리게 나오는 것은 길흉(吉凶)이나 용신(用神) 부분의 해석에서 오류를 범했을 가능성이 매우 크다.

물론 쉽지는 않다. 20년 이상 공부한 사주 대가도 가끔 실수하기도 할만큼 까다로운 부분이다. 그러나 사주해석은 당사자에게는 운명이 걸린 중대한 문제이기 때문에 정확하게 정보제공을 해줘야 하는 것이다.

돼지고기 알레르기 환자에게 돈까스를 주는 것은 음식이 아닌 독(毒)을 주는 것이기 때문이다.

용신(用神)은 내 사주에서 가장 필요한 오행이라는 의미가 있다.
절대필요오행과도 비슷한 개념인데 조금 다를 수 있는 것은 절대란 수식어가 빠져있기 때문에 용신은 사주 전체 상황을 보고 강약 정도에 따라 정해진다고 볼 수 있다.
비유하자면 용신(用神)은 보약이고 절대필요오행은 매일 먹는 밥이라 할 수 있다.
보약은 먹으면 좋지만 안 먹어도 살 수 있는 용신에 해당하고 밥은 안 먹고는 살 수 없는 것이라 필수 불가결한 절대필요오행이라고 할 수 있다.

절대필요오행은 삶의 목표이고 지향점이고 용신은 삶의 지향점을 도달할 수 있게 도와주는 도구 수단이다.
둘은 같거나 생조(生助)해 주는 오행일 경우가 많고 함께 있을 때 크게 발복한다.

용신은 나에게 도구 수단으로써 가장 필요한 오행이란 의미가 담겨 있다.
절대 무조건이란 수식어가 붙진 않았지만, 용신이 제대로 작용하지 않는다면 인생의 목표지점까지 가는 데 매우 힘든 시기를 보낼 것이 자명하다.

용신은 인생의 윤활유도 된다.

인생이라는 배가 목표 지점까지 잘 갈 수 있도록 도와주는 최고의 수단인 것이다.

절대필요오행과 용신(用神) 중 어떤 것이 더 중요하냐고 질문한다면 당연히 절대필요오행이다.

절대란 단어의 의미에는 '무조건'이 들어가 있다. 이유가 없다는 것이다.

◉ 절대필요오행

목일간(木日干)에게 화(火)가 그런 존재이고,
수일간(水日干)에게 목(木)이 그런 존재이다.
금일간(金日干)에게 화수(火水)가 그런 존재이고,
화일간(火日干)에게 목(木)이 그런 존재이다.
토일간(土日干)은 절대필요오행이 없다.

용신은 상황에 따라 필요한 경우가 많다.

용신의 역할은 사주의 균형이다.

억부(抑扶)라고도 하는데 사주가 균형이 깨져서 치우쳐 있는 경우 용신이 역할을 하는 것이다.

반대로 이 말은 균형이 된 사주는 용신이 필요 없다는 의미도 된다.

즉 용신의 작용은 사주에 따라 가변적으로 변할 수 있다.

용신은 운(運)이 들어올 때 길흉(吉凶)의 기준점이 되어 준다.

사주팔자가 운의 영향을 많이 받는 구조면 용신은 큰 역할을 할 것이고 반대의 경우라면 가볍게 지나갈 것이다.

사주속담에 **"중화된 사주는 용신이 100개."**라는 말이 있다. 모든 오행이 다 좋다는 의미이다.

즉 용신이 필요 없다는 의미이기도 한데 전체 사주 중 10%도 안 된다는 점이 안타깝다.

용신이 사주의 보약이고 비타민인 것은 사실이지만 용신으로 모든 것을 해결할 수 없다는 것은 잊지 말아야 한다.

⊙ 용신(用神) 용어의 개념

구분 용어	신 개 념	구 개 념
용신 (用神)	일간이 실현하고자 하는 목표와 가치를 돕는 오행	사주에서 가장 필요한 오행으로 일간을 도와준다.
희신 (喜神)	용신과 일간을 도와주는 오행	용신을 도와주는 오행이다.
기신 (忌神)	용신과 일간을 극설(剋洩)하여 사주 균형을 무너뜨리는 오행	**용신을 극(剋)하는 오행**
구신 (仇神)	용신과 일간을 극설(剋洩)하여 사주 균형을 무너뜨리는 오행	기신을 도와주는 오행
한신 (閑神)	일간과 사주에 영향을 약하게 미치는 오행	길흉과 관계없는 오행

4. 어둠 속의 향연 지장간(支藏干)

"보이지 않는다고 없는 것이 아니다. 은밀하고 조용히 작용하고 있다."

사주에서 지장간(支藏干)은 천간과 지지를 연결해 주는 역할을 하고 있다. 이를 통근(通根)과 투출(透出)이라고도 하는데,

통근은 천간(天干)이 지지(地支)를 보는 것을 의미하고,
투출(透出)은 지지(地支)가 천간(天干)을 보는 것을 의미한다.

같은 의미인데 천간 입장에서 보느냐 지지 입장에서 보는가에 따라 달리 부르는 용어일 뿐 명칭이 중요한 것은 아니다.

다만 이 원리는 매우 중요하다. 통근과 투출 여부에 따라 해당 오행의 힘이 결정되기 때문이다. 물론 힘이 있다고 해서 다 좋거나 다 나쁜 것은 아니다.

상황에 따라 나쁜 오행이 통근되면 당연히 나쁘고 좋은 오행이 투출되면 매우 좋다.

즉 사주의 상황이나 경우에 따라 모두 다른 형태로 나타난다.

가장 중요한 것은 일간(日干)의 통근 여부이다.

일간은 자신을 상징하기 때문에 일간이 통근되었다는 것은 내가 이끌고 갈 힘이 있다는 것이다.

위치도 중요한데 월지(月支)나 일지(日支)에 비겁(比劫)이나 인성(印星)이 있으면 통근되었다고 보는데 경우에 따라 아닐 수도 있지만 대부분은 그렇다.

지장간(地藏干)은 사주를 감정하는 데 있어 매우 중요한 역할을 한다.

특히 일지(日支)의 지장간은 반드시 일간(日干)과 대조하여 살펴야 하며, 진술축미(辰戌丑未) 4고(庫)일 경우는 더욱 그러하다.

일지(日支)의 지장간(地藏干)에는 매우 중요한 정보가 담겨있다.

예를 들어 여성 일주(日柱)가 갑신(甲申)이라고 가정해 보자.

신금(申金)의 지장간은 무임경(戊壬庚)이다.

따라서 지장간 경금(庚金)은 일주(日柱) 갑목(甲木)과는 갑경극(甲庚剋)이 발생하니 기본적으로 남편과의 관계가 좋지 않을 것을 예상할 수 있다.

물론 주변 오행에 따라 변화될 수 있지만, 일주의 기본 성향을 파악하고 나머지를 해석하는 것과 그냥 전체를 해석하는 것은 속도나 정확성 면에서 큰 차이가 난다.

사주 감정 시 제일 먼저 눈에 들어와야 하는 것이 일주(日柱)와 월지(月支)이다.

이 둘이 파악되면 나머지는 쉽게 해석된다.

사주를 볼 때 뿌리가 있는지 없는지가 매우 중요하기 때문에 늘 지지(地支)와 천간(天干)의 동태를 함께 살펴야 한다.

지지(地支)에 비겁(比劫)이나 인성(印星)이 있으면 뿌리가 있고 식상(食傷), 관성(官星), 재성(財星)이 있으면 없다고 한다. 물론 예외의 경우도 있다.

그렇다면 뿌리(통근)가 있고 없는 것이 왜 중요한가?

뿌리가 있다는 것은 '**내가 이끌고 가는 힘**'이 있다는 의미이다.

반대로 뿌리가 없다면 **'너에 의해서 내가 끌려갈 수밖에 없다'**는 것이 된다.

그렇다면 내가 우두머리가 되어야 하는 사업이나 장사는 뿌리가 없는 사람에겐 맞지 않고 일반 회사나 공직 등 조직 안에서 보호받는 월급 생활이 적합하다는 결론이 나온다.

즉 이러한 정보들을 알기 위해선 지장간을 알아야 하고 지장간의 형태를 보고 판단할 수 있다.

그 외에도 지장간은 암합(暗合), 암명합(暗明合) 등 그 사람의 심리 상태나 보이지는 않는 연인 관계 등도 알려준다.

사주의 지장간은 사주 감정을 위해서는 반드시 이해해야 할 산맥이다.

지장간이 중요한 이유는 지지와 천간과의 관계, 그 사람의 보이지 않는 성격이 고스란히 담겨있기 때문이다.

※ 서적별로 지장간을 혼합하여 쓰는 경우(支藏干, 地藏干)가 있는데, 뭘 쓰든 관계없으며 의미만 잘 파악하면 된다.

● 지장간은 운(運)과는 화학반응을 하지 않는다. 그러나 지장간 오행끼리는 경우에 따라 합충(合沖)한다. 특히 일지(日支) 속 지장간은 일간(日干)과 간합(干合)하기도 하는데 이때는 매우 신중하게 살펴야 한다.

이를 암합(暗合)이라고도 하는데, 암합(暗合)은 겉으로는 드러나지 않지만, 당사자에게는 지대한 영향을 미친다.

예를 들어 진(辰)의 지장간 을계무(乙癸戊) 중 무토(戊土)는 임진(壬辰)일주에게는 관성(官星)에 해당한다. 즉 관성(남편)이 이미 무덤에 있는 형태가 된 것이다.

여성의 경우, 남편 복이 약하거나 남편과 생리사별할 가능성이 높아지는 특성을 예견할 수 있다.

따라서 이런 사주일 경우 늦게 결혼하라고 조언할 수 있다.

이처럼 일지(日支) 속 지장간은 매우 중요한 정보들을 기본적으로 제공하는 역할을 한다.

지장간(支藏干)의 사전적 의미는 땅 속에 감춰진 천간(天干)이란 의미이다.

천간(天干)은 하늘의 기운으로 순수한 십간(十干)으로 이루어졌지만 지지(地支)는 땅의 기운으로 복잡한 십간(十干)의 기운으로 채워져 있다.

※ 지장간(支藏干)의 속 이야기

지장간 속 천간이 실제 천간에도 떠있다면 이를 투간(透干) 통근(通根)되었다고 한다.

지장간(支藏干) 속에 오행이 천간에 있다는 의미는 해당 천간의 힘이 강해진다는 것이다.

비유하자면 뿌리 깊은 나무와 뿌리가 없는 나무와의 차이라고 생각하면 된다.

뿌리가 있는 나무는 바람에도 잘 견디지만, 뿌리가 없는 나무는 바람에 금방 날아갈 것이다.

즉 뿌리가 있다는 것은 내가 주체가 되어 이끌어 갈 수 있는 힘이 있다는 의미가 되는 것이다.

반대로 뿌리가 없다면 너를 따라간다는 것이 된다.

어떤 것이 반드시 좋고 나쁜 것은 없다.

각각 장단점이 있기 때문이다.

뿌리가 있는 것은 실패 손실에 대한 모든 책임을 자신이 감당해야 하지만, 뿌리가 없는 것은 그저 시키는 일만 잘하면 되기 때문에 위험부담이 없는 장점이 있다.

　반대로 뿌리가 있는 사람은 우두머리가 되어 큰 재물과 큰 권력을 누릴 수 있지만, 뿌리가 없는 사람은 월급쟁이로 일생을 마쳐야 하기 때문에 자기 불만이 있을 수 있다.

　즉 통근 투출은 경우에 따라 좋을 수도 나쁠 수도 있다는 것만 기억하면 된다.

　갑인(甲寅)일주는 인목(寅木) 속 지장간 무병갑(戊丙甲)이 숨겨져 있다.

　이때 운(運)에서 신금(申金)이 들어와서 인신(寅申)충을 발생하면 신금(申金) 속에 있는 무임경(戊壬庚)은 무병갑(戊丙甲)과 충돌하게 된다.

　이것을 충(沖)이라고 하는데 여기서 중요한 한 가지가 더 있다.

　천간(天干)에 어떤 오행이 있는가이다.

　지지(地支)의 충(沖)은 천간(天干)까지 영향을 미친다.

　특히 토(土)의 경우는 입묘(入墓) 현상이 발생하기 때문에 더욱 자세히 살펴 적용해야 한다.

"지장간은 지지 속에 감춰진 응축된 에너지이다."

⊙ **지장간(支藏干) 도표**

"지장간(支藏干)은 계절의 방향성을 나타내며 천간의 힘을 결정한다."

	봄(春)			여름(夏)			가을(秋)			겨울(冬)		
	인 寅	묘 卯	진 辰	사 巳	오 午	미 未	신 申	유 酉	술 戌	해 亥	자 子	축 丑
여기 (餘氣)	戊	甲	乙	戊	丙	丁	戊	庚	辛	戊	壬	癸
중기 (中氣)	丙		癸	庚	己	乙	壬		丁	壬		辛
정기 (正氣)	甲	乙	戊	丙	丁	己	庚	辛	戊	甲	癸	己

　천간(天干)은 지지(地支)에 통근(通根)을 해야 좋고 지장간은 천간(天干)에 투간(透干)해야 귀하다.

이것이 개념적으로 무슨 말인지 어렵다고 생각된다면 다시 반복하고 또 반복해야 한다.

통근, 투출, 투간의 개념은 매우 중요함으로 여러 차례 반복하여 개념을 반드시 이해하고 넘어가야 한다.

지장간은 사주 공부 중·고급 과정 정도에 있는 것으로 초보자들은 이해하기 쉽지 않을 수도 있다. 그러나 반드시 알아야 하는 중요한 이론이다.

지속적인 반복 학습과 스스로 궁리하고 실제 사주에 적용해봄으로써 개념을 확실하게 익혀야 한다.

사주에서 지장간은 깊이를 말해준다. 지장간을 모르면 사주의 깊이가 없다는 의미이다.

지장간은 숨겨진 욕망, 열망이다. 드러나지 않았지만, 가슴속 깊이 내재되어 있는 비밀이다.

따라서 지장간을 이해하면 그 사람의 속마음까지 파악할 수 있게 된다.

단순히 통근의 의미뿐 아니라 이러한 심리 작용까지 파악할 수 있다.

⊙ 통근(通根), 투간(透干), 투출(透出)의 개념

명칭	원리	작용
통근(通根)	천간이 지지를 보는 입장 해당 천간이 지지 속 지장간에 있는 것	해당 오행이 강해진다
투간(透干)	지지가 천간을 보는 입장 지지 속 지장간 오행이 천간에도 있는 것	해당 오행이 강해진다
투출(透出)	지지가 천간을 보는 입장 지지 속 지장간 오행이 천간에도 있는 것	해당 오행이 강해진다

5. 재성운(財星運)은 삶을 디자인한다

옛날이나 지금이나 변하지 않는 최고의 가치는 '재물'이다.
재물은 인간의 욕망을 가장 극명하게 드러내게 하는 십성이다.
그 사람의 인간성을 알기 위해선 돈거래를 해보란 속담이 있다.

재성(財星) 운이 인간의 심리와 실생활에 미치는 영향을 살펴보겠다.
내 사주에 재성(財星)이 없거나 약한데 재성 운이 들어온다면 그 효과는
더욱 극명하게 드러난다.
이런 경우 대부분은 길(吉)로 나타난다.

먼저 편재(偏財)부터 알아보자.
편재는 '뭉칫돈'을 의미한다.
편재(偏財)는 정재(正財)와는 매우 다른 재물의 특징을 갖는다.

> 편재는 '확장성', '과정성', '폭발성', '개방성' 등
> 4가지 특성을 보이고 있다.

'확장성'

편재는 발산의 기질이 강하게 나타나는 특성이 있는데 풍선처럼 계속
바람을 불어넣어 크기를 키우는 데 집중한다. 어느 순간 터질지라도 계속
확장해 나가려는 속성이 있다.

프랜차이즈(franchise) 사업은 편재가 주도하는 사업이다. 편재는 정재와 달리 시간을 돈의 개념으로 보지 않고 '공간'을 돈의 개념으로 본다. 때문에 계속하여 공간을 확장하려고 든다. 프랜차이즈(franchise) 사장님들은 모두 편재가 있다고 생각해도 무방하다.

그래서 정재는 장사가 잘되면 영업시간을 늘리는 것에 만족하지만, 편재는 2호점, 3호점을 계속 확장하려고 한다. 욕심의 크기로 본다면 정재보다 편재가 더 크다고 할 수 있는 부분이다.

'과정성'

편재는 목표보다 과정을 더 중요하게 여긴다.

정재와 달리 편재는 일 자체가 재미없고 흥미롭지 못하면 중도에 포기한다. 그리고 다시 재미있는 일을 찾아서 한다.

그래서 편재는 중독성 있는 일에 빠지기 쉬운 구조로 되어있다. 따라서 도박, 주식, 복권, 경마, 마약 등의 중독성 있는 일에 쉽게 빠져들어 인생을 망치기도 한다.

따라서 편재가 강한 사람은 늘 투기성 있는 사업이나 놀이에 주의해야 한다. 특히 겁재(劫財)와 상관(傷官), 편인(偏印) 등을 만나면 불법적인 것도 개의치 않고 하는 습성이 있다.

어릴 때부터 자신의 욕망을 제어하는 습관을 들여야 한다. 자신뿐 아니라 주변까지 초토화할 수 있기 때문이다.

'폭발성'

편재는 재미있고 흥미로운 일에 빠지면 폭발적인 힘을 갖고 무언가를 만들어 내는 힘이 있다.

상관과 비슷한 기운인데 다른 점은 계산을 한다는 것이다.

상관은 계산 없이 본능적으로 폭발성이 튀어나온다면 편재는 철저히 계산된 계획하에 폭발성이 나온다는 점이 다르다.

그래서 운(運)과 잘 맞으면 엄청난 돈을 벌 수 있다.

편재의 공간 능력, 손재주 등도 예측하고 계산하는 성분에서 나오는 것이다.

자신의 계산대로 예측한 대로 결과가 주어진다.

'개방성'

편재(偏財)는 정재(正財)에 비해 자유롭고 개방적이다.

한마디로 '변화'를 좋아하고 새로운 것에 대한 호기심이 강하다.

내 것이라는 개념이 약해 투자나 투기도 거리낌 없이 할 수 있는 것이다.

잃어버린 돈이 내 돈이라는 생각을 하거나 '또 벌면 되지.'라는 마음으로 투기, 투자, 도박을 하는 것이다.

(정재는 자기 소유라는 생각과 '잘못되어 돈을 날릴 수 있다.'는 두려움 때문에 투기, 투자, 도박을 하지 못한다)

또 편재는 돈, 여자에 대한 소유욕이 없기 때문에 내 소유에 대한 소중함이나 아끼는 마음도 부족하다.

그래서 정작 자신의 가족이나 아내에게는 '별로'인 경우가 많다.

관성의 제어가 없이 편재와 상관, 겁재가 만나면 불법적인 일도 한다.

편재와 상관, 인성이 만나면 문서를 통해 큰 재물을 취득하는 구조가 된다. 편재의 가장 이상적인 재물 취득 방법이 바로 이것이다.

'발명 특허', '작곡', '그림이나 글' 등 편재는 손재주와 공간 감각이 좋아 상관과 만나면 인성을 기반으로 특별하고 획기적인 물건을 잘 만들어 낸다.

◉ 편재(偏財)와 정재(正財)

우리 사주에서 재성(財星)이 갖는 의미는 매우 크다.

하루도 돈 없이는 살 수 없는 세상에서 돈은 산소 같은 존재라 할 수 있다.

열심히 공부해서 좋은 대학을 가려는 이유도 남들보다 더 돈을 잘 벌기 위해서이다.

또 사회에 나와 학창 시절 친구를 만나도 재물에 의해 보이지 않는 계급이 형성되기도 하는데 이는 자본주의 시대를 사는 우리들의 숙명이라 할 것이다.

돈은 벌고 싶다고 벌 수 있는 것이 아니다. 운이 70%이고, 노력이 30%인 구조이다.

돈을 좇지 말고, 돈이 오기를 기다리라는 격언을 다시 한 번 음미해 보자.

'재성'은 욕망이다.

인간이 가장 갖고 싶은 대상은 '재(財)'이다.

특히 자본주의 사회 구조에서 **'재성(財星)'**은 절대적인 권력이기도 하다.

재성(財星)은 음양(陰陽)에 따라 편재(偏財)와 정재(正財)로 구분되고 같은 재성이지만 그 역할과 기질은 해와 달만큼 다르다.

따라서 자신의 사주에 정재가 있는지 편재가 있는지(**정재가 많으면 편재 성향으로 바뀐다**) 살펴보고 어느 쪽 성향이 강한지 판단해야 한다.

> 운(運)에 재성(財星)이 들어오면 사람과 일이 함께 들어오는데
> 이때 사람을 먼저 취하면 일은 중단되거나 약화된다.

정재(正財)는 일간과 음양(陰陽)이 다른 재성(財星)이다.

내 사주에 '정재'가 있다면 나는 이런 사람이고, 이런 특성을 지니고 있다고 생각하면 된다.

> 정재(正財)는 항상성, 소유욕, 현실성, 시간성 등
> 크게 4가지 특성이 있다.

'항상성'

변화를 싫어하고, 항상 안정감 있는 재물을 추구하려고 한다.

그래서 신용이 있고 신뢰감을 준다.

대신 큰 발전이 없고 다람쥐 쳇바퀴 돌듯이 매일 같은 일상에 만족한다.

역동적이고 긴장감 있는 일은 아예 처다보지 않는다.

늘 같은 모습으로 성실하게 살아간다.

여성의 경우 정재가 있으면 알뜰하고 가정에 대한 희생이 지극하며, 남성의 경우 정재가 강하면 구두쇠 소리를 듣는다.

그러나 정재의 항상성은 생활의 안정성을 담보해 주기 때문에 결혼 생활에서 매우 중요한 요소이다.

'소유욕'

내 것이라는 개념이다.

그래서 내 소유가 되고 나면 그 대상은 내 재물 내 여자, 내 가족으로 인식된다.

당연히 내 것이기 때문에 아끼고 소중하게 생각하며 책임을 지려고 노력한다.

정재격(正財格)인 남자가 여자에게 잘해주는 것은 여자에 대한 소유욕 때문이다.

내 것에 대한 소유의 개념이 매우 강하다.

자칫 심해지면 집착으로 변질할 수도 있으므로 주의해야 한다.

인간은 인간을 기본적으로 소유할 수 없다. 함께 공동체를 이루고 살아갈 뿐이다.

정재(正財)의 소유욕은 배타성이 있어서 남과도 문제가 생기기 쉽고 대인관계가 좋은 편이 아니다.

항상 이 점을 염두에 두고 고쳐 나가야 한다.

'현실성'

정재(正財)는 현실적이고 보수적이다. 변화를 싫어하고 확장하는 것도 싫어한다.

현상 유지가 인생목표이다. 그러나 거기에는 정확한 계산과 치밀한 계획이 수반되어 있다.

오행으로는 토(土)가 현실성이라면 십성에서는 정재가 현실성이다.

현실성이 없는 사람들은 자신뿐 아니라 가족 주변 사람 모두를 힘들게 하는 캐릭터가 된다.

그런 면에서 정재의 현실성은 높은 점수를 주어야 한다.

정재 한 개만 있어도 허황된 일에는 관심조차 없다.

현실성은 오행상으로는 토(土)의 기질이다.

'시간성'

정재(正財)는 시간이 돈이라고 생각한다.
자신이 얼마나 일을 해야 얼마를 벌 수 있다는 것을 알고 있다.

장사가 안 되면 장사 시간을 늘려 매출을 올리고,
장사가 잘돼도 장사 시간을 늘려 매출을 올리려 한다.

즉 정재는 편재처럼 장사가 잘된다고 해서 체인점을 만들거나 더 큰 곳으로 이사를 가지 않는다.
왜냐하면 정재는 '공간성'이 아닌 '시간성'을 가지고 있기 때문이다.

정재의 최대 장점은 신뢰가 있는 '안정감'이고 단점은 사람이 약간 좀생이처럼 보일 수 있다는 것이다.

정재와 정인, 정관이 3종 세트로 지지에 있으면 여성은 현모양처, 남자는 현부양부가 된다.

월지에 정재가 있어, 정재격이 되면 가장 먼저 식상과 인성이 있는지 보는 것이 중요하다.

재물은 식상의 발현으로 인성을 통해 정재로 돈을 버는 구조가 가장 이상적이기 때문이다.

예를 들면 작곡가가 노래를 만든다든지 작가가 책을 써서 돈을 버는 구조인데 자신의 지식을 기반으로 재물을 문서화하여 지속적이고 정규적으로 재화가 들어오게 하는 상태를 의미한다.

심지어 자신이 죽어도 자식에게 상속되는 재화이다.

'지적 재산권'이 큰돈을 가져온다라는 인식이 미래사회에서는 더욱 커질 것이다.
그래서 인성(印星)이 재성(財星)과 잘 조합되면 가장 완벽한 재물이 되는 것이다.

비유하자면 가수와 작곡가의 관계라고도 볼 수 있는데 가수는 식상(食傷)으로 돈을 버는 것이고, 작곡가는 인성(印星)으로 돈을 버는 것이다.
가수는 식상, 즉 자신이 계속 노동을 해야만 돈을 벌 수 있는 구조이지만 작곡가는 인성, 한번 만든 문서로 계속 돈을 벌기 때문에 본인의 노동 없이도 재화가 지속적으로 획득되는 구조이다.

정재는 결과를 중요시하고 편재는 과정을 중요시한다.
그래서 정재는 하기 싫은 일도 결과를 위해 참고 인내한다.
그러나 편재는 과정을 중요하게 생각하기 때문에 하기 싫은 일은 금세 싫증을 내고 중도에 멈춰 버린다.

남자에게 더 중요한 재성은 사회적 역할이 그 원인이다.
남자는 밖에서 돈을 벌어 가정이란 울타리를 경제력으로 보호해야 할 책임이 있고 육친상으로도 재성은 아내에 해당하기 때문이다.
즉 남자에게 돈과 여자는 최고의 가치가 되는 것이다.
예전에는 돈과 여자보다 벼슬과 명예가 더 중요한 가치였다.
그러나 현대에는 그 가치 개념이 바뀌었다.

옛날 남자는 관성, 현대 남자는 재성이 최고의 길성인 이유이다.

6. 길흉(凶運)은 운(運)에 의해 결정된다

운(運)이 좋은 것이 사주 좋은 것보다 낫다

명호불여운호(命好不如運好)

운(運) 좋은 것이 명(命) 좋은 것보다 중요하다.

사주의 바이블 『적천수』에 나온 말이다.

근데 정작 『적천수』에는 월운(月運), 일운(日運)에 대한 이야기는 없다. 월운(月運), 일운(日運)은 분명히 작용하는데도 말이다. 월운 일운은 주로 시기보다는 시점으로 작용할 때가 많다. 그런 의미에서 훌륭한 명리이론서임에도 불구하고 『적천수』는 '미완의 책'으로 남아있다.

운(運)의 시기란 자연에 비유하면 특정 계절의 환경조성이고 운(運)의 시점은 그 환경 속에서 눈, 비, 폭우, 번개 화창한 날 등처럼 특정한 날이다.

운명에서 시기도 중요하지만, 시점이 그보다 덜 중요하다고는 누구도 말할 수 없다.

물론 시기가 안 좋으면 시점도 안 좋을 가능성이 매우 높아진다.

이는 환절기 때 날씨 변동이 심한 것과 비슷한 이유이다.

날씨를 정확히 알기 위해서는 현재 계절과 특정한 날의 일기예보를 모두 알아야만 운명에 대한 대비가 가능하다.

대운(大運)에서 흉운(凶運)이 들어왔다는 것은 10년 동안 나무에게 겨울이란 환경이 조성되었다는 것이다.

그러니 이 시기에는 꽃을 피우기 어려울 것이라 예측할 수 있다.

그렇다고 나무가 모두 얼어 죽는 것은 아니다.

물론 일부 죽는 나무도 발생할 수 있지만 아닌 경우도 많다는 것이다.

실제로 대운(大運)이 흉운(凶運)일 때 세운(歲運)과 월운(月運)의 힘으로 성공하는 경우도 종종 있다.

겨울은 춥지만, 온실 안에서는 꽃도 피울 수 있고 열매를 맺을 수도 있다는 것이다.

즉 대운(大運)에서 흉운(凶運)이 들어왔다고 10년 동안 계속 흉운이 지속되는 것이 아니란 의미이다.

대운에서는 10개의 세운(歲運)이 있고, 또 10개의 세운 속에는 12개의 월운(月運)이 있다.

또 그 12개의 월운(月運) 속에는 30개의 일운(日運)이 존재하고, 30개의 일운(日運) 속에서는 12개의 시운(時運)이 존재한다.

> 대운(10년) → 세운(1년) → 월운(1개월) → 일운(하루)→ 시운(2시간)

대운(大運)이 안 좋다고 10년 동안 계속 사건 사고가 일어나는 것이 아니라 사건 사고는 어느 시점에 일어난다는 것이다.

필자가 배우 조△△의 죽음을 예측할 수 있었던 것은 바로 시점을 알았기 때문이다.

세운과 월운이 겹쳐지는 순간에 흉(凶)이 가중되는 형태를 보였고 최악의 순간이 올 것을 예측할 수 있었던 것이다.

이를 이렇게 비유했다.

즉 사건 사고는 어느 시점이 중첩, 가중되었을 때 폭발하는데 이것을 알기 위해선 대운, 세운뿐 아니라 월운, 일운까지 모두 알아야 한다는 것이다.

그러나 우리나라 역술인 중 1%도 이것을 적용하는 사람이 없다.

그냥 '올해는 안 좋으니 조심하고 수성(守城)하세요'라고 한다.

그래서 사주 감정 시 최소한 월운까지는 몇 월은 무엇 때문에 가중되는 흉운(凶運)이니 조심하라고 말해 주어야 한다.

길흉(吉凶)과 흉운(凶運)의 대처법

운(運)은 길운(吉運)과 흉운(凶運)으로 나뉘며 길운보다는 흉운이 훨씬 많다.

그래서 인생이 즐겁긴 어렵지만 힘들긴 쉬운 것이다.

흉운(凶運)이란 구체적으로 어떤 것이고 어떤 형태로 들어오는지 살펴보자.

흉운(凶運)은 우선 기신(忌神)운과 합충형살(合沖刑殺)이 대표적이다.

기신(忌神)이란 용신(用神)을 공격하는 흉신(凶神)으로 일간(日干)에게 가장 필요한 오행이 화(火)라고 가정한다면 운(運)에서 차가운 물(水)이 쏟아져 들어오는 것이다.

이때 건강이 급속도로 악화될 수 있는데, 죽음의 유형으로는 **예기치 못**

한 사건 사고보다는 병사(病死)나 자살 등의 비율이 높다.

'칠살(七殺)'이란 사주원국에 '식신(食神)'이 없을 때, 편관(偏官)운이 들어오면 '칠살(七殺)'이라고 하는데 이때 사주에 편관(偏官)이 있다면 흉(凶)이 가중된다.

주로 사건, 사고에 연관되기 쉬운데 교통사고나 낙상 등 물리적으로 다치기 쉽고, 흉운(凶運)이 대운, 세운, 월운, 일운 등에서 중첩될 경우 사망에 이르기도 한다.

합충형살(合沖刑殺)의 경우 '충형(沖刑)'은 몰라도 '합(合)'이 죽음과 연관된다는 것은 좀 의아하게 들릴 수도 있을 것이다.

그러나 합(合)이 들어와 합(合)한 기운들이 기신(忌神)으로 바뀌면 충형(沖刑) 이상으로 나쁜 상황이 발생하기도 한다.

따라서 흉운(凶運)이 예견되었을 때는 미리 대비해야 한다.

대비하는 가장 좋은 방법은 '현상 유지'이다.

이동, 이직, 확장, 창업 등 모두 그대로 두는 것이 최상의 방법이다.

사주, 운(運)의 우선순위를 디자인하다

"폐렴 환자가 물에 빠졌다면 우선 물에서 구하는 것이 폐렴 치료보다 시급하다."

사주에서도 당장 시급한 것이 있다.

사주에서는 3대 흉살(凶殺)운이나 용신(用神)에 충(沖), 극(剋)이 운(運)에서 들어올 때 일어나는데, 우리의 실제 삶에서도 이런 경우가 종종 벌어진다.

"소나기는 우선 피하고 보자."라는 속담처럼 영원히 내리는 소나기는 없으니 말이다.

"흉신(凶神)은 길신(吉神)을 선행한다."

신살(神殺)의 80% 이상이 흉신(凶神)이며, 작용 면에 있어서도 흉신이 길신보다 먼저 작용하고, 그 효과도 더 강력하다.

그래서 실제 감정 시 역술인들이 가장 많이 오류를 범하는 부분도 바로 길흉(吉凶)의 우선순위이다.

길흉(吉凶)의 우선순위를 잘못 적용했을 경우, 매우 큰 부작용이 발생하는데 의사가 폐암을 기관지염이라고 오진하는 것과 비슷하다고 할 수 있다.

운명의 오진은 상담 의뢰자에게 매우 치명적인 결과를 만들 수도 있다.

현상 유지를 해야 할 시기에 창업을 하게 하고 직장 이동을 해선 안 될 시기에 직장을 이동하게 한다면 적게는 2~3년 혹은 영원히 재기불능의 결과를 초래할 수도 있기 때문이다.

가끔은 베테랑 역술인들도 종종 실수하는 경우가 있다. 반드시 두 번 이상 검증해야 한다.

그렇다면 길흉(吉凶)의 우선 시기 적용이 왜 어렵고, 어떻게 해석해야 올바른 감정이 되는 것일까?

예 1 흉신(凶神)인 '천라지망'과 길신인 '천을귀인'이 동시에 세운에서 들어 왔다면 천라지망은 작용하고 천을귀인은 작용하지 않거나 그 효과가 매우 미미하다.

만일 여기서 천을귀인만 보고 천라지망을 보지 못하거나 천을귀인을 먼저 적용한다면 사주 감정은 정반대로 나올 것이다.

비유하자면 사주에서 흉신은 검은색이고, 길신은 흰색이기 때문에 섞이면 모두 검은색으로 변하는 것과 비슷하다.

예 2 신해(辛亥)일간을 가진 사람에게 길신(吉神)인 임수(壬水)가 들어왔다고 가정해 보자.
길신(吉神)이 들어왔다고 좋다고 할 수 있을까?
사주원국에 정관(正官)이 없다면 좋을 수 있지만 만약 정관이 있다면 상관견관(傷官見官)이 되어 매우 흉(凶)하다.

두 예시에서 보듯이 길흉(吉凶)은 항시 바뀐다.
사주 감정이 어려운 것은 시시각각 변화를 읽어내야 하기 때문이다.
사주원국은 물론 대운, 세운, 월운, 일운과 거기에서 파생되는 합충형파, 길신, 흉신 등을 살펴보고 적용해야 할 사항이 너무도 많다.

병원은 각종 의료장비가 있지만 사주 감정은 오직 상담자의 실력밖에 없다.

매년 학원에서 수천 명씩 쏟아져 나오는 역술인들과 무속과 섞여 사주를 감정하는 사람들이 많아질수록 오류는 더 많이 나올 수밖에 없다. 사주는 매우 어려운 공부이다.
길신과 흉신이 있을 때, 흉신이 왜 더 강하고 왜 먼저 적용해야 하는지 그 원인을 논리적으로 설명할 수 없다면 타인의 사주 감정을 해서는 안 된다.
용신 운이 들어왔는데 용신작용을 못하는 이유를 알지 못한다면 음양오행부터 다시 공부해야 한다.

20세기 실존주의 철학자 샤르트르는 **"실존은 본질을 선행한다."**라고 했다.

존재가 본질을 앞서는 이유는 '내가(Me)' 중심이라는 의미이다.

내가 존재함으로 모든 것이 가능하다는 의미이다.

필자는 이를 패러디하여 "흉신(凶神)은 길신(吉神)을 선행한다."라고 말한다.

흉신(凶神)은 '균형'의 중심을 흔드는 작용이다. 균형이 무너진 후 길신(吉神)은 의미가 없어진다.

※ 근거 없는 흉살(凶神)도 전체 흉살 중 80% 이상이다.

가끔 많은 분들이 사주가 같으면 운명도 같은지를 묻는다.

이 의문에 대한 질문이 잘못되었지만 사주 철학의 의미를 모르니까 그런 질문을 할 수밖에 없다는 것도 이해가 되는 부분이다.

어째서 같은 사주가 다른 운명이 되는지 이를 자연에 비유해 보면 우리에게 봄은 매년 돌아오지만 한 번도 같은 봄은 없는 것과 같다.

매일 아침 9시는 돌아오지만 같은 아침은 단 한 번도 없다. 그것은 우리의 행동과 생각과 환경 선택 등의 변수가 작용하기 때문이다.

사주는 수학이 아닌 형이상학이고 인문학이다.

숫자로 나타낼 수 있는 수리학이 아닌 보이지 않는 것을 형상화하는 형이상학적인 학문인 것이다.

유학(儒學)도 수치상으로 나타낼 수 없지만 2,500년 동안 검증된 진리이다.

사주명리도 이와 마찬가지이다.

음양(陰陽)은 보이지 않지만, 분명히 존재하는 기(氣)의 순환이다.

단지 드러나고 드러나지 않는 현상이 있을 뿐이다.

드러나지 않았다고 없다고 할 수 없는 것처럼 수리적으로 나타낼 수 없다고 믿을 수 없다고 하는 것은 맞지 않는다.

태양 빛에 가려진 별들은 늘 그 자리에 있다.

단지 태양 빛으로 인해 드러나지 않았을 뿐이다.

사람의 마음도 음양(陰陽)의 구조로 되어있어 드러나고 드러나지 않는 현상이 무한 반복된다.

생각이나 마음도 드러났을 때는 행동으로 보이지만 드러나지 않으면 잡념, 망상으로 끝난다.

때문에 같은 사주라도 운명까지 같을 수는 없는 이치이다.

따라서 같은 사주를 가지고 있는데 삶의 형태가 다른 것은 지극히 당연하다.

사주가 비과학적이라고 주장하는 사람들은 왜 사주가 비과학적인지를 논리적으로 설명한 다음에 사주를 비판해야 한다.

사주는 달력과 같이 과학적인 논리체계를 가지고 있다.

이제 더는 같은 사주가 다른 삶을 산다는 이유로 비과학적이고 미신이란 말은 사라지기를 기대해 본다.

통계적으로 보면 같은 사주팔자를 가진 사람이 우리나라에만 100명 정도이다.

성별을 나누어도 50명이다.

즉 우리나라에만 나와 같은 사주를 가진 50명이 다 제각기 다르게 사는 이유는 바로 다양한 변수가 있기 때문이다.

실제 같은 사주를 가진 사람들의 인생은 배우자 선택 시기 이전까지는 비슷한 삶의 구조인 경우가 많았다는 임상이 보고된 적이 있다.

즉 쌍둥이도 결혼 전까지는 비슷한 삶을 살다가 배우자 선택 이후 삶의 형태가 바뀌는 경우가 많았다는 것이다.

즉 삶의 변수에는 선택이란 자신의 의지가 반영된다는 것이다.

이는 '역설'이 아닌 명확한 '인문과학'으로 지난 천 년 동안 입증되었다

◉ 같은 사주가 다른 이유

사주의 해석 원리는 '팔자와 운'을 기본으로 감정하는 방식이다.
사주팔자가 같으면 운도 같고 비슷한 시기에 발생되는 사건 사고도 비슷하다.
그렇다면 어째서 삶의 모양이 다른 결과로 나오는 것일까?
이 질문에 대한 답변은 이미 수많은 고전에 나와 있다.

"운명은 물과 같아서 예측하기 어렵다." -『장자』-

우리의 인생은 큰 바다와 같다.
바람이 부는 상황에 따라 큰 파도가 일어나기도 하고, 잔잔한 호수처럼 평온
할 수도 있다.
우리가 사주를 통해 알 수 있는 것은 파도를 만드는 바람이 언제 어떻게 불어
올 것인가이다.
이것을 알아내기 위해 인류는 자연 법칙을 근거로 오랫동안 임상을 통계하여
경험 법칙을 만들어 냈고 이것이 현재 우리가 알고 있는 '사주'인 것이다.
자연도 인생도 균형이 무너지면 재앙이 생기고, 균형이 맞으면 평화롭다.
이 기본 원리로 인간의 운명을 예측하는 것이다.
즉 사주는 인생의 일기예보 같은 역할을 한다.
자연에는 늘 예기치 못한 혹은 예측할 수 있는 변수들이 존재한다.
음양(陰陽)의 균형을 깨뜨렸을 때 엄청난 자연재해가 발생하는데 인생도 마
찬가지이다.

여러 변수에 따라 삶의 형태가 달라지는 것이다.
그 변수는 부모, 자라난 환경, 자유 의지, 외모 등이다.
(현대는 식신상관의 시대이다. 연예인 전성시대라 외모가 부모, 환경, 자유 의지보
다도 더 큰 변수로 작용하기도 한다)

제4장

사주,
인생을 디자인하다

1. 지록위마(指鹿爲馬)

'사슴을 가리키면서 말(馬)이라고 한다'는 뜻으로 윗사람을 농락하고 권세를 함부로 부리는 것을 비유한 말이다.

영원할 것 같던 대제국 시황제의 진(秦)나라는 60년 만에 멸망하는 비운을 맞는다.

그런데 그 이유가 바로 **지록위마(指鹿爲馬)**였다.

진(秦)나라 시황제가 죽자, 환관 조고는 거짓 조서를 꾸며 태자 부소를 죽이고 어린 호해로 2세 황제를 삼았다.

그 후 진나라는 농민 봉기가 전국을 휩쓸고 국력이 쇠약해져 풍전등화의 위기에 처해 있었다.

조고는 천하가 대란에 빠지고 조정에도 자신의 심복들이 깔린 이때야말로 황제의 자리를 빼앗을 절호의 기회라고 생각했다.

이때 황제 호해는 권력을 완전히 상실했을 뿐만 아니라 그의 주변은 조고의 심복들로 득실거렸다.

그러나 조고는 여러 신하들이 따라주지 않을 것이 두려웠다.

그는 이들을 시험하기 위해, 사슴 한 마리를 호해에게 바치면서 **"이것은 제가 황제에게 바치는 말입니다."**라고 했다.

호해는 웃으면서,

"조 승상이 잘못 본 것이오. 사슴을 일러 말이라 하오?"라고 했다.

그러고는 그 자리에 있는 시종과 신하들에게 사슴인지 아니면 말(馬)인지를 물었다.

그러자 거의 모든 사람이 말(馬)이라 대답하고 몇 사람만이 사슴이라고 할 뿐이었다.

자리를 파한 후 조고는 사슴이라고 한 사람을 모두 죽였다.

지록위마(指鹿爲馬)로 충신은 모두 죽고 간신만 남자 최초의 통일국가, 거대 제국 진나라도 한 순간 거품처럼 무너져 내리고 만다.

국가의 흥망성쇠도 개인과 별로 다르지 않다.

자연의 춘하추동(春夏秋冬)처럼 인생도 생로병사를 거치는데 국가도 마찬가지이다.

다만 그 국가의 생로병사가 얼마만큼 천천히, 그리고 건강하게 흘러가는지만 다를 뿐이다.

역사가 우리에게 주는 교훈처럼 인생의 춘하추동을 어떻게 만드는가는 우리의 선택과 노력의 결과라는 것을 잊지 말아야 한다.

2. 진용(辰龍)은 팔자가 세다

"진(辰)을 일지(日支)에 둔 여성은 팔자가 세고 이혼 사별하기 쉽다."

진(辰)을 일지(日支)에 둔 여성에게 몰매 맞는 이야기일 수도 있으나 어느 정도는 근거가 있으므로 이에 대비하고 잘 극복해야 한다.

올해(2018년), 일지(태어난 날)에 진(辰)이 있는 사람은 모두 진술(辰戌) 충에 해당한다.

일단 진술충이 발생한다는 것은 자신의 신변에 변화가 생긴다는 것을 의미한다.

따라서 진(辰)을 일지(日支)에 둔 여성은 일간에 따라 제각기 자신의 상황에 맞게 대비해야 한다.

남자에게도 해당되지만 진(辰) 일지(日支)는 여성에게 더 큰 영향을 미친다.

진(辰)은 용(龍)을 상징하고 **용(龍)의 아이콘은 '변덕과 고집'이다.**

용(龍)이 승천할 때 구름을 만들고 비를 뿌리는 등 조화를 부리는 것처럼 변화무쌍한 환경을 조성하는 것이다.

사주에서 일지의 용(龍)은 5종류이다.

청룡 갑진(甲辰), 적룡 병진(丙辰), 황룡 무진(戊辰), 백룡 경진(庚辰), 흑룡 임진(壬辰)이다.

일간에 따라 해당 십성이 모두 변함으로 자신의 일간을 보고 대응방식을 정해야 한다.

예를 들어 갑진(甲辰) 일주는 진(辰)이 재성에 해당하므로 여성은 재물적 문제, 남성은 아내에게 문제가 생길 소지가 많고 병진(丙辰) 일주는 진(辰)이 상관에 해당하므로 말조심, 구설수, 직장에서의 분쟁을 조심해야 한다.

진술충(辰戌沖)은 화개충(華蓋沖)이면서 고지충(庫支沖)이다.

화개(華蓋)는 화려함을 덮다. 고지(庫支)는 무덤으로 들어간다란 의미가 있다.

그래서 진술충(辰戌沖)이 들어오면 그동안 매듭지어지지 않았던 일들이 마무리되고 만나길 기다렸던 사람들을 우연히 만나게 된다.

사주원국이나 대운에서 이미 진술충(辰戌沖)이 생성되어 있다면 그런 사람은 올해 엄청난 풍파가 가중되는 형태가 될 것이다.

고속도로에서 갈림길이 나오는 것과 비슷하다.

어떤 선택을 하는가에 따라 길흉(吉凶)이 정해지는데 사주원국과 해당 운의 관계를 면밀히 살펴 결정해야 한다.

예를 들어 **적룡 병진(丙辰)** 일주는 관고(官庫)가 충(沖)하면 남편과 사별, 이별할 수 있고 **황룡 무진(戊辰)** 일주는 재고(財庫)가 되어 아내와 이별, 사별할 수 있다.

또 청룡 **갑진(甲辰)** 일주는 자식이 다치거나 멀리 떠나보낼 수 있다.

올해 들어온 술(戌)해는 천라지망, 원진 귀문관살, 진술충 등 안 좋은 것은 다 가지고 온 해이다.

그래서 꿈에서도 개를 보면 안 좋다고 하는 것이다.

사실 지지(地支)에 4고(庫)가 있는 것만으로도 인생의 기복은 어느 정도 예고되어 있는 것과 마찬가지다.

4고(庫)는 진술축미(辰戌丑未)로 일지(日支)를 기준으로 영향력이 가장 강하고 그다음 월지(月支) 시지(時支) 연지(年支) 순이다.

특히 여성의 경우, 일지(日支)에 고(庫)가 있으면 남편과의 관계에서 문제가 발생될 소지가 높다.

일부 감정에서는 진술축미(辰戌丑未), 즉 화개충(華蓋沖)은 개고(開庫)가 되어 좋다는 이론도 있으나 전혀 맞지 않다.

무덤에서 나와서 좋은 것은 재물밖에 없다. 육친은 모두 흉(凶)으로 나타난다고 보면 된다.

심지어 여성의 관고(官庫)뿐 아니라 남성의 재고(財庫)까지 육친은 모두 흉화(凶禍)이다.

즉 남자도 아내와 이혼 사별할 수 있다는 의미이다.

※ 사주에서 토(土)는 잠시 멈춤 현상을 만들어 낸다. 즉흥성이 강한 목화(木火)의 영역들에게는 반드시 필요한 성분이다. 토(土)의 멈춤 현상은 생각이 신중해진다는 것을 의미한다.

3. 사주, 건강을 보다

사주에서 건강은 식신(食神)이 담당한다. 식신은 일간을 보호하는 유일한 길신이다.

사주에 식신(食神)이 있다는 것만으로도 건강은 어느 정도 보장된 것과 다름없다.

특히 관성(官星)이 많은데 식신(食神)이 없다면 이는 총칼 앞에서 벌거벗고 맨손으로 싸우는 형상과 같다.

식신제살(食神制殺)

식신제살(食神制殺)은 한마디로 흉(凶)을 길(吉)로 바꿔주는 최고의 길신(吉神)이다.

그래서 편관(偏官)이 있는 사주는 바로 식신(食神)이 옆에 있는지 살펴야 한다.

사주에서 식신(食神)이 없다면 편관(偏官)은 상관(傷官)보다도 더 나쁜 작용을 하는 경우가 많다.

왜냐하면 편관은 직장, 배우자뿐 아니라 건강과도 직결되기 때문이다.

남녀 모두 편관이 많거나 정관 편관이 혼잡되어 있는데 식신이 없다면 건강에는 치명적으로 나쁜 작용을 한다.

편관은 언제 나를 공격할지 모르는 예측이 불가능한 무자비한 총칼이다.

식신이 없다는 것은 이를 막아줄 방패도 방탄복도 없다는 것이다.

무방비한 일간을 사정없이 극(剋)해 버리는 것이다.

> 편관(偏官)은 불규칙성을 지닌 십성(十星)이다.
> 내 의지와 관계없이 사건 사고가 무자비하게 발생된다.

식신(食神)이 없는데 편관(偏官) 운이 들어온다면 최악의 경우 수명이 다할 수도 있다. 죽을 수도 있다는 의미이다. 특히 나이가 든 사람에게 편관(偏官)운은 더욱 치명적일 수밖에 없다.

반대로 식신이 있다면 예측불허의 문제를 해결하고 전화위복의 계기로 만들 수 있다.

이것을 식신제살(食神制殺)이라고 한다.

식신만 튼튼하게 있어도 복이란 사주 속담이 있다.

그만큼 식신은 사주에서 최고의 길성(吉星)이다.

물론 지나치게 많으면 문제가 되지만 1개는 반드시 있어야 하는 최고의 길신(食神)인 것이다.

식신제살(食神制殺)을 육친적 관점에서 보면 여성에게는 남편이나 애인 남자에게는 자식이 해당한다.

우선 여성의 관점에서 편관(偏官)의 작용을 알아보자.

여성 사주에 편관 또는 관살(官殺)이 혼잡한데 식신(食神)이 없다면 한마디로 '남자복은 없다'이다.

남자 복이 없다는 것은 남자를 보는 안목이 없다는 말과 일맥상통한다.

그래서 편관이 강한 여자는 연애결혼보다는 중매결혼이 유리하고 일찍 결혼하는 것보다는 늦게 하는 것이 좋다.

그러나 식신제살(食神制殺)이 잘된 여자 사주는 나쁜 남자를 착하게 변화시키는 것은 아니지만 나쁜 남자조차도 식신제살된 여자를 만나면 괴롭히기보다는 도움을 주는 형태로 변한다.

이것이 식신제살(食神制殺)의 힘이다.

즉 설령 나쁜 남자라 할지라도 식신이 편관을 제어한 여자에게는 좋은 남자로 변하게 된다는 것이다.

식신제살이 되면 나쁜 것을 좋은 것으로 바꿀 수 있는 전도의 힘이 생긴다.

이를 절처봉생(絶處逢生)이라고도 한다.

여성 사주에서 강한 편관은 예상치 못한 사건 사고 또는 나쁜 남자를 만들어 내기 때문에 이를 제어할 수 있는 식신이 없다면 차라리 남자 없이 혼자 사는 게 나을 수도 있다.

데이트 폭력, 성폭행, 성추행, 스토킹, 무능력한 남자 등은 식신제살이 안 된 여자 사주에서 자주 등장하는 남자 형태이다.

이는 여성에게 남자가 독(毒)이 된 대표격이라고 봐도 무방할 것이다.

다만 관인상생(官印相生)이 잘되면 흉(凶)이 다소 완화되기도 한다.

남성의 편관은 육친적 관점보다는 사회적 관점인 직업이나 직장과 연관이 깊고 심리적 관점에서는 편관은 남녀 모두 중요하지만 특히 남성에게는 절대적인 성분이다.

무관(無官)사주의 남자는 여성에게 치명적으로 나쁜 남자가 될 개연성이 많다.

무관(無官)사주와 관고(官庫)사주는 비슷한데 관성(官星)이 문제가 생겼다는 것은 남자에게도 매우 치명적인 약점으로 작용하며 사회성도 많이 떨어지는 경향을 보인다.

"관성(官星)은 명예, 통제력, 책임감, 준법, 배려를 나타낸다."

관성(官星)에 문제가 생기면 이것에 문제가 발생한 것이기 때문이다.

통제력은 힘이다. 통제력이 없는 남자는 남자로서 자격과 매력을 동시에 상실한 것과 같다.

※ 상관견관(傷官見官)과 식신제살(食神制殺)은 서로 대비되는 식상(食傷)과 관성(官星)의 관계이며 사주에서 매우 중요하다.

사주, 암(癌)을 보다

사주 구성만 봐도 암(癌)이 발생할 가능성을 어느 정도 예측할 수 있다.

특히 한쪽으로 지우친 사주의 경우는 운(運)에 의해 더욱 명확하게 드러난다.

사주에서 건강을 지켜주는 것은 식신(食神)과 목기(木氣)이고 건강을 해치는 것은 편관(偏官), 편인(偏印)이다.

따라서 자신의 사주에 식신(食神)이 없거나 식신(食神)이 무덤(庫) 속에 들어가 있다면 우선적으로 편관(偏官)이 있는지를 봐야 한다.

또한 편인(偏印) 옆에 식신(食神)이 있다면 식신(食神)은 작동하지 못하기 때문에 없는 것과 같다고 할 수 있다.

특히 50대 이후부터는 편관(偏官)운, 편인(偏印)운이 들어오면 유심히 관찰해야 하며 합충(合沖)에 의한 변화를 잘 읽어내야 정확한 진단을 할 수 있다.

우리나라에서 가장 많이 발생하고 있는 '위암'을 예로 보자. 위장은 소화기 계통으로 오행상으로는 토(土)가 담당하고 있다. 이때 토(土)가 목(木)에 의해 강하게 공격받는데 목(木)을 제어해 줄 금(金)이 없다면 위장은 매우 위태로워지게 된다.

이런 경우, 위암이 발생할 가능성이 높아지는 것이다.

오행으로 본 건강

화(火)는 분열의 의미, 적색, 남쪽, 여름, 더위, **심장**, 쓴맛, 열정, 예(禮)를 상징

수(水)는 생명의 의미, 흑색, 북쪽, 겨울, 습함, **신장**, 짠맛, 슬픔, 지(智)를 상징

목(木)은 성장의 의미, 청색, 동쪽, 봄, 바람, **간장**, 신맛, 기쁨, 인(仁)을 상징

금(金)은 결실의 의미, 백색, 서쪽, 가을, 서늘, **폐**, 매운맛, 분노, 의(義)를 상징

토(土)는 조절의 의미, 황색, 중앙, 환절기, **위장, 비장**, 단맛, 포용, 신(信)을 상징

오행만으로도 자신이 취약한 장기를 알 수 있다.

병사(病死)의 경우, 사망 원인이 될 수도 있기 때문에 항상 유의해야 하며, 평소 해당 장기를 철저히 관리해야 한다.

첫 번째 홀로 고립된 오행이 강한 세력으로부터 극충(剋沖)당할 때 위험하다. 예를 들어 일지(日支)에 약한 목(木)이 있는데 주변에 금기(金氣)가 지나치게 강하면 목(木)에 해당하는 '간장'이 손상될 수 있다.

두 번째 일간(日干)이 화(火)인데 지지(地支)가 신자진(申子辰) 수국(水局)이고 천간(天干)에 수기(水氣)가 또 있으면 화(火)에 해당하는 심장, 심혈관 질환 등으로 사망할 수 있다.

세 번째 월지(月支)가 토(土)인데 일주(日柱)가 갑인(甲寅)이고, 연주 월간까지 목기(木氣)로 가득하면 토(土)에 해당하는 위장 등 소화기 계통 질환으로 사망할 수 있다.

네 번째 한 가지 오행이 지나치게 강할 때 극(剋)을 받는 오행이나 극(剋)하는 오행도 손상될 수 있다.

다섯 번째 칠살(七殺)이 지나치게 강한데 식신(食神)이 없으면 건강을 지키기가 어렵다.
식신은 일간을 지켜주는 유일한 십성이다.

그 외 4고(庫)인 진술축미(辰戌丑未)이다.

간단히 말하자면 진술축미(辰戌丑未) 각각 자신에 해당하는 고(庫)에 관련하여 죽음을 맞이한다는 것이다. 예를 들면 술(戌)에 해당하면 술(戌)의

고(庫)인 화(火)와 관련된 질병으로 사망한다는 의미이다.

화(火)와 관련된 질병은 심장, 혈관 등이다.

건강은 건강할 때 지키라는 격언이 있다.

그런데 건강할 때는 건강의 고마움을 모를 때가 많다.

건강은 한순간 나빠지는 경우보다는 오랜 시간 나쁜 습관 때문에 점차 나빠지는 경우가 대부분이다.

담배가 안 좋은 것을 알면서도 못 끊는 사람, 과음이 나쁜 줄 알면서도 줄이지 못하는 사람,

이들의 공통점은 일간이 약해 의지가 박약하고, 상관 편재가 강할 가능성이 크다.

편재와 상관은 재미, 흥미에 강하게 노출되어 있어 유흥 같은 나쁜 습관을 중단하는 것이 어려운 구조로 되어있다.

이럴 때는 주변 사람이나 전문가의 도움이 필요하다.

편재 상관의 **나쁜 유흥성 기질은** 소리 없이 건강의 적신호를 켜고 삶의 질을 떨어뜨리고 만다는 것을 꼭 명심해야 한다.

⊙ 오장육부 관계 오행

오행	오장		육부	
목(木)	乙 卯	간	甲 寅	담
화(火)	丁 午	심장	丙 巳	소장. 삼초
토(土)	己 丑 未	비장	戊 辰 戊	위
금(金)	辛 酉	폐	庚 申	대장
수(水)	癸 子	신장	壬 亥	방광

※ 오장육부 관계 오행은 매우 중요하다.

단편적으로 보기보다는 유기적으로 연관성을 떠올리면서 이해하는 것이 좋다.

사주명리학(命理學)에서의 질병이란 자신의 약한 장기를 알아 두고 보완하여 건강한 생활을 할 수 있게 한다는 데 의미를 둔다. 사주에서의 질병 살피는 법을 알아보면 다음과 같다.

주로 약한 오행이 극충(剋沖)당할 때 문제가 발생한다.

1) 오행에 따라 나타내는 신체의 각 기관을 천간과 지지로 나누어 구분한다.

● 천간(天干)

갑목(甲木) - 머리, 신경, 수족,

을목(乙木) - 이마, 담, 신경, 손가락, 발가락,

병화(丙火) - 어깨, 허리

정화(丁火) - 눈, 피, 눈동자

무토(戊土) - 복부(윗배), 옆구리, 겨드랑이

기토(己土) - 아랫배(배꼽 아래)

경금(庚金) - 척추, 피부, 뼈(근골)

신금(辛金) - 기관지, 호흡기, 피부

임수(壬水) - 종아리, 정신, 신경

계수(癸水) - 방광, 다리, 손

● 지지(地支)

자수(子水) - 머리, 아랫배

축토(丑土) - 뼈, 허리, 식은땀

인목(寅木) - 어깨, 사지, 신경, 복숭아뼈

묘목(卯木) - 손가락, 발가락, 신경

진토(辰土) - 소화기, 자궁, 생식기

사화(巳火) - 얼굴, 심장

오화(午火) - 정신, 눈

미토(未土) - 다리, 옆구리, 조갈증

신금(申金) - 다리, 기관지, 대장

유금(酉金) - 피부, 눈, 머리, 근골

무토(戌土) - 허리, 복숭아뼈

계수(亥水) - 정신, 머리

사주에서 건강에 가장 나쁜 영향을 미치는 것은 수기(水氣)가 지나치게 강한 것이다. 없어도 문제지만 많으면 건강에는 치명적으로 작용하는 경우가 많다.

4. 사주의 3대 흉살(凶殺)

천라지망(天羅地網)

하늘 천(天), 그물 라(羅), 땅 지(地), 그물 망(網).

[풀이] 하늘의 그물과 땅의 그물.

아무리 하여도 벗어날 수 없는 경계망이나 피할 길이 없는 재액(災厄).

천라지망(天羅地網)은 계절의 변환 길목에서 만나는 오행으로 구성된다.

진월(辰月)에서 사월(巳月) (봄에서 여름)
술월(戌月)에서 해월(亥月) (가을에서 겨울)

필자의 경우 신살(神殺)을 되도록이면 적용하지 않지만, 일부 근거가 있는 신살(神殺)은 사주 감정 시 매우 유용하여 자주 활용하고 있다.

그중 천라지망(天羅地網)은 매우 근거가 있고 적용 시 상당한 적중률을 보인다.

흉살(凶殺) 중 단연 1위이다.

천라지망(天羅地網)은 술해(戌亥)와 진사(辰巳), 4개의 오행이 만났을 때 발생하는 액운(厄運)으로 일의 중단이나 연인 부부간 이별, 병증의 악화, 사건 사고, 구설, 관재, 자살 등을 발생시키는 무서운 흉살이다.

술해(戌亥)는 천라(天羅),
진사(辰巳)는 지망(地網)이다.

술해(戌亥) 진사(辰巳)의 차이는 술해(戌亥)는 심리적으로 활성화된 상태이고 진사(辰巳)는 침체되어 있는 상태이다.

합충(合沖)의 개념으로 비유하면 술해(戌亥)는 합(合)의 느낌, 진사(辰巳)는 충(沖)의 느낌이다.

천라지망(天羅地網)이 원국에 있는 경우, 업상대체(業象代替)로 흉(凶)을 길(吉)로 바꿀 수 있다.

주로 순수계통으로 활인(活人)업, 의사, 검경공무원, 종교, 철학 분야에 진출하면 발복할 수 있다.

운(運)에서 들어올 경우는 창업이나 확장은 금물이며 수성과 현상유지를 해야 한다.

특히 진사(辰巳)가 사주원국에 있을 경우 교육, 종교(불교), 활인(活人)업에 종사하면 발복의 기운이 작용한다.

천라지망(天羅地網)은 일지(日支)가 기준이다.

일지(日支)에 반드시 술해(戌亥) 진사(辰巳) 중 한 글자라도 있어야 성립이 된다.

※ 천라지망 속 이야기

사주에는 가장 영향력이 큰 흉살(凶殺) 3가지가 있다.

물론 사주 특징에 따라 개인차는 있다.

균형이 있는 사주는 흉살(凶殺)이 들어와도 강력하게 작용하지 못하지만, 대부분 균형이 무너진 사주여서 감당할 수 없고 예측 불가한 사건 사고로 고통받는 것이 현실이다.

우리가 사주를 알았다고 나쁜 것이 오지 않는 것은 아니다.

다만 대비할 수 있기 때문에 흉운(凶殺)이 오더라도 약하게 지나가는 것이다.

즉 내일 비가 온다는 일기예보를 본 사람은 아침에 우산을 가져가는 것과 같다.

우산 없이 갑자기 맞는 비와 우산을 쓰고 맞는 비가 완전히 다르기 때문이다.

우리가 사주와 운(運)을 알아야 하는 이유가 바로 이 때문이다.

자신을 알고 자신의 운(運)을 아는 것이 진정한 힘인 것이다.

올해는 무술(戊戌)년으로 사주원국에 해수(亥水)가 있는 분들은 모두 술해(戌亥)천라지망에 해당한다.

천라지망은 계절의 변환 길목에서 만나는 오행으로 구성된다.

천라지망(天羅地網)이 직방살(直方殺)로 들어올 때는 흉운(凶運)이 가중되는 형태가 되어 감당할 수 없고, 예측할 수 없는 엄청난 사건 사고가 발생한다.

직방살이란 사주원국에 천라지망의 두 오행(戌亥 辰巳)이 일지에 붙어있는 상태에서 운(運)에서 또 천라지망 오행(戌亥 辰巳)이 들어오는 것을 말한다.

사주명리는 자연의 변화를 인간의 운명에 적용한 학문이다.

따라서 자연의 변화를 알면 인간의 운명도 쉽게 이해될 수 있다.

천라지망은 환절기란 급격한 변화 속에서 일어나는 일종의 돌풍, 변덕스러운 날씨 같은 것으로 이해하면 된다.

예측할 수 없는 환절기 날씨를 상상해 보자.

따뜻했던 봄 날씨가 갑자기 추워지거나 우박이 내리거나 돌풍이 휘몰아치는 경우도 있다.

이러한 예측불가한 자연 변화가 바로 천라지망(天羅地網)인 것이다.

사주에 '그냥'은 존재하지 않는다.

분명한 논리와 근거가 있다는 의미이다.

술해(戌亥) 진사(辰巳)의 심리적 관점에서의 차이는, 술해(戌亥)는 보이지 않는 곳으로 걸어들어 가는 형상이고, 진사(辰巳)는 보이지만 잘못된 길로 들어가는 형상이다.

운(運)에서 들어올 경우는 창업은 금물이며 수성해야 한다.

천라(天羅)

일주	월주
甲	乙
戌	亥

지망(地網)

일주	월주
甲	乙
辰	巳

예) 고 배우 조ㅇㅇ의 사주입니다.

日	月	年
癸	丙	乙
亥	戌	巳

운(運) : 신사(辛巳)대운 무술(戊戌)년 을묘(乙卯)월 을해(己亥)일 사망

※ 최악의 운(運)이 들어왔다. 대운, 세운, 월운, 일운까지 최악의 운으로 구성되어있다.

사망일 8일 전에 필자가 죽음을 예견하여 올린 글이다.

"배우자궁에 천라지망이 있는 사주는 운에서 또 들어올 때 반드시 흉액
이 따른다."

조OO 씨는 매우 영리한 사고와 목적 지향적 성향이 있는 분입니다. 기질적으로는 강한 승부욕과 자기 중심적 사고, 여성에 대한 관심이 대단히 높은 사주입니다.

애인 같은 여자가 아닌 아내 같은 애인을 원하는 성향을 가지고 있습니다. 즉 사주상 집착과 소유욕이 강하다는 의미입니다.

이 사주의 가장 문제는 사주원국에 천라지망이 있고 올해 무술년에 또 천라지망이 들어온 상태라 최악의 운이라 할 수 있습니다.

게다가 대운에서 사해충까지…. 설상가상의 운입니다.

일간은 무계합으로 묶기고 지지는 천라지망으로 파괴되었습니다.

빠져나갈 길이 보이지 않았습니다.

이와 같은 흉운은 물에 빠졌는데 폭풍이 몰아치는 상황이라 할 수 있습니다.

가장 무서운 살 중 하나 천라지망, 이 정도면 죽지 않으면 감옥에 가는 흉운(凶運)이라 할 수 있습니다.

이때 월운(月運)까지 바뀌면서 시점이 형성되었습니다.

대운 세운 월운이 모두 흉운으로 바뀌면서 시점이 형성되었던 것입니다.

천라지망의 나쁜 작용은 양(陽)의 오행끼리 계절의 변환점에서 만나 극심한 혼란을 만들어 내는 것인데 이것이 인생에 작용하면 대응 불가한 흉살로 변환되는 것이다.

환절기 날씨의 변덕과도 흡사한 것으로 겨울옷과 가을옷을 모두 준비한 사람만이 환절기 날씨에 감기를 예방할 수 있는 이치이다.

낮에는 덥고 밤에는 춥고, 맑은 날씨에 갑자기 우박 서리가 내리고 잔잔한 바다에 파도가 거세게 이는 현상이 바로 천라지망이다.

따라서 천라지망이 운(運)에서 들어올 것을 미리 안다면 이에 대비하여 피해를 최소화할 수 있게 예방조치해야 한다.

태풍 온다는 일기예보를 듣고 대비하는 사람과 대비하지 않는 사람의 결과는 하늘과 땅만큼 차이가 날 수밖에 없다. 태풍이 온다고 모든 사람이 모두 피해를 보는 것은 아니지만 피해 가능성이 매우 커질 개연성이 있는 사람들은 철저히 대비해야 한다.

이를 사주에 비유하면 균형이 무너진 사주, 직방살, 다른 합충형파 등이 혼재되어 있거나 동착된 경우 등이 이에 해당한다. 즉 태풍이 오면 도심 아파트에 사는 회사원은 조금만 불편하면 되지만 과일 농사짓는 농부, 어부, 공사현장 일꾼 등은 잘못 대비하면 그 피해가 최악이 될 수 있다는 것이다.

상관견관(傷官見官) 위화백단(爲禍百端)

어느 날 갑자기 잘 다니던 회사에 사표를 내고 새로운 일을 시작하고 싶을 때,

어느 날 갑자기 평소에서 관심이 없었던 남자가 마음속으로 들어올 때,

어느 날 갑자기 뭘 해도 될 것 같은 느낌이 들면서 투자하고 싶을 때,

가장 먼저 떠올려야 하는 단어는 상관견관(傷官見官)이다.

상관견관(傷官見官)은 상관(傷官)이 관성(官星)을 보면 백 가지 재앙이 생긴다는 의미로 사주에서 최악의 상황 중 하나다.

원래 상관견관(傷官見官)의 고사는 중국 춘추시대 위나라에서 유래했는데 나라에 극심한 부정부패가 성행할 때 나온 말로 상관견관(上官犬棺)의 본래 뜻은 "정승집 개가 죽으면 정승에게 아부하기 위해 문전성시를 이룬다."라는 의미이다.

여기서 정승은 자신보다 높은 벼슬인 상관(上官)이다.

이를 진소암 선생이 『명리약언』에서 상관견관(上官犬楯)을 **상관견관(傷官 見官)**으로 패러디하여 사용한 것이다.

그렇다면 사주에서 상관견관(傷官見官)은 왜 나쁜 것인지 살펴보자.

일주	월주
乙	丙
巳	申

일간(日干)인 을(乙)이 상관(傷官)을 깔고 앉아있는데 옆에 정관(正官)이 있다.

이런 경우 상관은 바로 정관을 극(剋)할 것이다.

정관은 남자에게는 명예, 직장, 책임, 사회적인 틀이고 기존 규범이다.

또한 여성에게는 남편이며, 심리적 규범과 사회적 울타리이다.

즉 상관이 정관을 정극(征剋)하므로 이러한 중요한 요소들이 파괴되는 현상을 상관견관(傷官見官)이라고 하는 것인데 특히 사주원국에 정관(正官) 이 있는데 상관(傷官) 운이 들어오면 매우 흉(凶)한 사건들이 발생한다.

예를 들어 을사(乙巳)일주에 신운(申運)이 들어와 사신(巳申)합이 되었을 때 수(水)로 판단하면 엄청난 오류를 범하게 된다.

특히 수(水)가 용신(用神)인 사람에게 길운(吉運)이 들어왔으니 확장 창업 하라고 권한다면 "암 환자에게 발암물질을 주는 것과 같다."고 할 것이다.

항상 흉(凶)은 길(吉)을 앞선다는 사실을 잊지 말아야 한다.

흉(凶)은 호랑이고 길(吉)은 사슴이다.

사슴은 호랑이를 결코 이길 수 없다.

즉 상관(傷官) 운(運)이 들어오면 기존의 틀을 버리고 새로운 일을 도모하 고 싶어 한다.

일종의 합(合)의 기운과 비슷한데 심리적으로도 근거 없는 자신감이 생긴다.

예를 들면 직장인이 퇴사 후 자영업을 시작하거나 기존의 사업이나 장사를 확장하거나 업종을 바꾼다든지 하는 일들이 발생한다.

이때 실패할 가능성이 매우 높다.

그래서 일명 상관(傷官) 운을 착각 운이라고도 한다.

실제로 임상 결과로도 상관견관(傷官見官) 운(運)에서 사기를 당하거나 사업실패, 이혼 등 흉(凶)한 사건이 많이 발생되는 것을 확인하였다.

특히 여성의 경우는 상관운(傷官運)이 들어오면 몸과 마음이 이성을 향해 열리는 경향을 보인다(도화, 목욕과 비슷한 현상).

넓은 의미로 보면 상관견관(傷官見官)의 원리도 음양오행과 생극제화의 지배를 받는다.

상관견관(傷官見官)과 정반대의 현상이 일어나는 것을
식신제살(食神制殺)이라 한다.

식신제살(食神制殺)은 편관(偏官)으로부터 일간을 보호해 준다는 의미로 건강과 직결되어 있으며 사회적 성패, 여성에게는 남편과의 관계까지 매우 길(吉)한 작용을 한다.

십성(十星) 중 가장 좋은 길성(吉星)이 있다면 식신(食神), 가장 나쁜 흉성(凶星)이 있다면 상관(傷官)이 아닐까 싶다.

물론 사주에는 절대적으로 좋은 오행도 나쁜 오행도 없지만, 길흉(吉凶) 작용에서 확실하게 좋은 것과 나쁜 것이 나타난다는 의미이다.

식신제살(食神制殺)사주

일주	월주
乙	丁
酉	酉

편관(偏官)의 칼날로부터 일간 乙을 식신(食神)이 보호해 주고 있다.

상관패인(傷官佩印) 사주

일주	월주
乙	壬
巳	申

상관패인(傷官佩印)이란 상관(傷官)이 정관(正官)을 극(剋)하려 할 때 상관을 정인(正印)이 잡아주는 역할을 하여 상관의 경거망동을 막아준다는 의미이다.

실제 상관패인(傷官佩印)된 사주는 상관을 제어하는 역할을 하여 아나운서, 리포터, 연설가, 정치인, 연예인 등 여러 분야에서 큰 두각을 나타내는 경우가 많다.

이를 비유하자면 상관(傷官)은 천방지축 아들이고, 정인(正印)은 자애롭지만 엄격한 어머니의 관계이다.

천방지축 아들도 엄격한 어머니를 만나면 얌전해지는 원리이다.

그러나 정인(正印)이 아닌 편인(偏印)이 자리한다면 상황은 또다시 완전히 바뀐다.

정인이 친어머니라면 편인은 못된 계모로 비유할 수 있다.

천방지축 아들이 못된 계모를 만나면 제어되기는커녕 반발심이 더 커질 수 있다는 비유이다.

즉 편인(偏印)은 상관(傷官)을 잡아주지 못한다는 것인데, 상황에 따라 조금 편차는 있지만, 편인(偏印)은 식신과 있어도 비슷한 작용을 한다고 알려져 있다.

※ 상관패인(傷官佩印)은 일간이 신약할 때 그 작용이 분명히 길(吉)로 나타난다.

다음은 상관패인(傷官佩印)이 안 되는 여명(女命)이다.

일간	월주
乙	庚
巳	子

상관패인(傷官佩印)이 안 되는 이유는 정인(正印) 대신 편인(偏印)이 자리 잡고 있기 때문이다.

자수(子水)는 체용(體用)의 변화로 양(陽)이지만 음(陰)으로 사용된다.

체용(體用)의 변화는 지지(地支) 속 지장간의 본기(本氣)로 인해 실제 쓰임새가 바뀌는 현상이다.

즉 모양은 양(陽)이지만 실제로는 음(陰)으로 사용되는 것이다.

화(火)의 오화(午火)와 사화(巳火)도 마찬가지이다.

오화(午火)는 양(陽)이지만 음(陰)으로 사용되고 사화(巳火)는 음(陰)이지만 양(陽)으로 사용된다.

이를 체용(體用)의 변화라고 하며 체용(體用)이 변화하는 오행은 이 4가지가 전부이다.

십성에서도 체용(體用)의 변화를 똑같이 적용해야 한다.

예를 들면 갑자(甲子) 을해(乙亥)일주의 자해(子亥)는 체용(體用)의 변화로 인해 모두 편인(偏印)이 아닌 정인(正印)이 된다.

사주의 기본은 음양오행(陰陽五行)과 생극제화(生剋制化)이다.

이는 수학의 사칙연산이며 영어의 알파벳과 같다.

음양(陰陽)이 무엇인지 오행의 기본 성질은 어떻게 작용하는지 알고 난 후 음양오행 생극제화를 공부해야 하며 그것을 완전히 통달했을 때 십성(十星)과 운(運), 용신(用神), 격국(格局)을 공부해야 한다.

즉 사주 공부도 순서가 있다.

순차적으로 공부하지 않으면 실력이 늘지 않는다.

사주명리는 결코 쉬운 학문은 아니지만 절대 넘을 수 없는 학문도 아니다.

단지 그 방법을 모를 뿐이다.

우리가 처음 초등학교에서 국어와 수학을 배웠듯이 사주명리도 음양(陰陽)과 오행의 기초부터 잘 이해해야 한다.

그것이 늦어 보이지만 오히려 절대적으로 빠른 학습방법이다.

⊙ 상관상진(傷官傷盡)이 된 여성은 무소의 뿔처럼 거침없이 전진한다.

여자 사주가 상관상진(傷官傷盡)이 되면 거칠 것이 없게 되는데 상관(傷官)의 발산 기운이 도저히 불가능한 일을 실현해 나온 말이다.

"나의 사전에 불가능은 없다." -상관상진(傷官傷盡) 여자-

가장 흉(凶)한 상관(傷官)이 바로 이런 어마어마한 일을 하는 것인데 상관상진(傷官傷盡)과 편재(偏財)의 만남은 인류를 바꿔놓을 만한 물건을 만들기도 하고, 상관상진(傷官傷盡)과 비겁의 만남은 주변을 깜짝 놀라게 할 만한 사건을 터트리기도 한다.

소설 『아내가 결혼했다』는 영화도 재미있지만, 책으로 보면 웃다가 배가 아플 지경이 된다.

어느 날, 아내는 남편에게 **"마음에 드는 남자가 생겼다."**며 **"또 결혼하고 싶다."**라고 당당히 말한다.

처음엔 남편이 차라리 하늘에서 별을 따다 달라고 하면 따 줄 수 있지만 그건 말도 안 된다며, 차라리 몰래 바람피우는 것은 참아보겠다고 제의한다.

그러나 아내는 고집을 꺾지 않고 **"당신도 사랑하지만, 그 남자도 사랑한다며, 당신은 이래서 좋고, 그 남자는 저래서 좋다."**라고 하며 자신의 주장을 굽히지 않는다.

기존 남편과 이혼 없이 두 남자와 동시에 결혼생활을 하고 싶다는 이 상식 밖의 말이 이상하게 설득력 있는 논리로 다가오는 이유는 뭘까?
(정당성이 결여된 논리지만 어느 정도의 설득력을 갖추고 있다. 따라서 편인이 강한 사람은 이 점을 늘 염두에 두어야 한다)

그것은 인간의 본성을 다루고 있기 때문이다.

인간의 무의식과 감성계는 이성계와는 다른 신호체계를 가지고 있다.

그것은 인간이 인위적으로 만들어 낸 규범과 윤리와 상충하지만, 엄연히 우리 염색체 코드 속에 존재하는 발현물질이다.
(상관은 그 발현물질, 상관상진은 그 물질의 다량발현)

아내는 "남편 몰래 만나는 건 당신을 속이는 것이고, 자신은 그것이 싫다고 말한다. 그러면서 당신을 사랑하며, 그 남자와는 그 사랑의 형태가 다를 뿐."이라고 남편을 설득해 나간다.

현실에는 실현되기 어려운 일이지만, 논리적으로 아내의 주장은 충분히 설득력이 있게 들린다.
(편인+상관) 편인과 상관이 만나면 틀린 것도 진리처럼 설득하려 한다.

자신의 행동에 대해 자기합리화를 시키는 과정에서 나온 일종의 궤변인데 묘한 설득력이 있다.

주로 사이비종교의 교주가 이상한 이론이나 법칙을 가지고 일반화의 오류를 범하는 것과 같다.

> 일반화의 오류 (一般化-誤謬, Generalization error)란 부분을 전체로 착각하여 범하는 생각의 오류이다.
> 즉 "인간이나 사물 혹은 현상의 단면을 보고 저것(사람)은 당연히 저럴 것이다."라고 판단하는 것.

바로 이런 주장과 혁명 같은 일을 저지를 수 있는 것이 '**상관상진(傷官傷盡)**'의 힘이다.

상관(傷官)의 발산과 폭발성이 거침없이 내달리는 형태가 되는 것이다.

주변에 아무것도 막는 것이 없을 때, **무인성(無印星).**

주변에 아무것도 설기(洩氣)시키는 것이 없을 때, **무관성(無官星).**

상관상진(傷官傷盡)은 더 무섭게 돌진한다(브레이크 없는 내리막 자동차).

장애물만 없다면 목적지까지 가장 빨리 도착한다.

상관상진(傷官傷盡)은 아이폰을 만들 수 있는 능력, 또 때로는 두 명의 남편을 가질 역량이 있는 혁명적인 기질이다.

만일 당신의 아내가 상관상진(傷官傷盡)사주인데, 그해 상관(傷官) 운이 또 들어온다면 아이폰을 만들거나 또 결혼하고 싶다고 할 수도 있다.

※ 음란(淫亂)은 상관상진(傷官傷盡)의 기운이다.

조선 시대만 해도 여자 사주에 도화살, 홍염살 등이 지지에 있으면 음란

(淫亂)하다고 해서 사주단자를 돌려보내는 경우도 있었다고 한다.

현대에는 과연 어떠할까? 그리고 사주에 도화살, 홍염살, 연살, 목욕 등이 있으면 정말 음란한 여자가 되는 것일까?

이 질문에 대답하기 전에 '음란(淫亂)'의 기준부터 마련되어야 한다고 생각한다.

'음란(淫亂)'의 기준이 배우자 외의 사람과 바람피우는 것을 의미하는 것인지, 바람을 안 피우더라도 '색정'이 너무 강하면 '음란'하다는 의미인지 알 수 없기 때문이다.

사람의 체질은 제각기 다르다.
미국의 한 여성은 '중추신경민감증'이란 희귀병으로 34살이 되도록 남자친구를 가져본 적도 없고, 가질 생각조차 못 했다고 한다.

그런 그녀가 자살 기도까지 한 이유는 작은 진동만으로도 끝없이 흥분 상태가 지속되기 때문인데 일상생활 자체가 어려워 정상적인 생활이 힘들었기 때문이라고 한다.

사춘기 때부터 버스의 작은 진동으로도 흥분 상태가 지속되는 민감 증후군이 있었던 것이다.

다행히 이 사연이 퍼지자, 미국 모 유명 병원에서 이 여성을 위해 맞춤 호르몬 치료를 무료로 해주고 있어 조금씩 완화되고 있다고 한다.

이 여인을 '음란한 여인'이라고 할 수 있을까?"

이것은 치료를 해야 하는 '질병'일 뿐 '음란'이라고 볼 수 없을 것이다.

그렇다. '음란한 여자'의 기준은 남성중심 사회가 만들어낸 잘못된 인식이 아닐까?

'음란(淫亂)'의 기운은 자신이 선택하는 것이 아닌 타고난 기질, 신경조직, 호르몬 분비량 때문에 신체적으로 발생하는 화학적 문제인 것이다.

배우자가 있는데 '바람을 피운다면' 이것은 '음란'의 문제가 아닌 약속과 의무의 문제이고 시도 때도 없이 성욕을 주체할 수 없어 괴롭다면 이것은 '음란'이 아니라
'성도착증'으로 정신과적 치료를 받아야 하는 환자의 문제일 뿐이다.

■ 음란한 사주 구조

즉 '음란(淫亂)'의 기준은 모호하고 기준도 없이 왜곡되어 있다.

사주에서도 물론 성욕이 강한 명(命)이 존재한다.
그러나 그것이 지나치지 않고 남에게 피해를 끼치는 정도가 아니라면 아무 문제 될 것이 없다.

기존 고전 이론에서는 여성의 경우, 도화 홍염, 목욕 등이 있으면 '음란' 하다고 하고 정임(丁壬)합이 있으면 음란지합(淫亂之合)이라 하여 혼인 상대로 꺼렸다고 한다.
그러나 이는 일부 맞는 것도 있으나 종합적으로 보면 근거 없는 이야기이다.

진짜 성적 기운은 바로 '상관(傷官)'의 기운이기 때문이다.
여성이 일지(日支)에 상관이 있고, 목욕(沐浴)에 해당하면 일단 정신적인 사랑보다는 감각적인 사랑을 추구하는 경향을 보이는데 이는 '상관'의 발산 기운 때문이다.
반대로 같은 감성계지만 '식신(食神)'이 있다면 플라토닉적인 사랑을 추구

할 가능성이 많다.

따라서 상관운(傷官運)이 들어오면 여성의 경우, 연애 심리가 강하게 작동하는데 특히 상관운이 세운에서 들어왔을 때, 월운(月運)과 일운(日運)까지 겹쳐서 상관운이 들어왔다면 몸과 마음이 이성을 향해 활짝 열리게 된다.

그래서 상관운이 들어올 때는 임신하는 경우가 많이 생기고, 혼인으로 이어지는 경우가 많은 것이다.

상관은 육친적으로 여성에게는 자식에 해당한다.

그러나 남자에게 '상관운(傷官運)'은 좀 다른 의미로 들어온다.

발산의 기운은 맞지만, 연애 심리보다는 '일'적인 면으로 들어오는데 이는 상관이 남자에게는 자식이 아니기 때문이다.

대신 결과는 더 참담한 경우가 많다.

상관이 발산의 기운이기 때문에 자신감이 넘쳐 '일'을 벌리는 데 실패할 확률은 매우 높다.

그렇다면 여성 사주에서 상관이 도화(桃花)에 해당할 경우, 고전 이론대로 '음란한 여인'이 될까 검증해 보자.

예를 들어 경자(庚子)일주가 이에 해당하는데 경자일주는 모두 색정이 강하다?

이 질문의 답은 그럴 가능성은 다른 일주들보다 높지만 조건 한 가지가 더 충족되어야 한다.

반드시 주변에 화(火)가 있어 물을 끓여줘야 한다는 것이다.

얼어붙은 물은 오히려 '불감증'이 될 수도 있다.

즉 도화(桃花)도 작용을 하는 도화(桃花)가 있고, 하지 못하는 도화(桃花)가 있다.

화기(火氣)는 퍼지는 기운이다.

수(水)는 화기(火氣)를 만나야 퍼지는 기운이 생성되며 물상적으로 보면 수증기이다.

주전자의 물도 불로 열을 가해줘야 끓는 이치이다.

주전자의 끓는 물은 단순히 수(水)가 아닌 화기(火氣)가 전달된 상태이다.

갑자(甲子)일주 여성이 축월(음력1월)에 태어났는데, 주변에 식상(불)이 없다면 도화(桃花)를 가지고 있지만 '음란'은커녕, 동목(冬木), 즉 얼어붙은 나무로 '불감증'을 치료해야 할 걱정을 해야 할 상황이기 때문이다.

※ 경자(庚子)일주

같은 경자(庚子)일주라도 화(火)의 존재 여부에 따라 전혀 다른 상태가 된다.

◉ **색욕이 매우 강한 명(命)**

時	日	月
庚	庚	癸
午	子	巳

◉ **색욕이 없는 명(命)**

時	日	月
甲	庚	辛
子	子	丑

◉ **중화된 명(命)**

時	日	月
辛	庚	己
未	子	巳

◉ **괴강(魁罡)은 상관(傷官)의 기운이다.**

괴강[魁罡]살	특성
무술(戊戌)	지도력, 고집, 미남, 미녀, 사업, 남성적
경술(庚戌)	지도력, 고집, 미남, 미녀, 교육, 남성적
경진(庚辰)	지도력, 고집, 미남, 미녀, 교육, 여성적
임진(壬辰)	지도력, 고집, 미남, 미녀, 공직, 여성적

괴강(魁罡)은 일주에 놓여있을 때 가장 극명한 작용을 한다.

무술(戊戌)일주는 비견을 낳았기 때문에 대단한 고집과 추진력이 있고 종교나 육영 등 전문성이 있는 일을 하면 성공할 가능성이 높다.

경술(庚戌), 경진(庚辰)일주는 인성(印星)을 낳았기 때문에 학문에서 큰 성과를 낼 수 있다.

임진(壬辰)일주는 관성(官星)을 낳았기 때문에 공직으로 진출하면 대단히 큰 성과를 낼 수 있다.

'괴강(魁罡)의 공통 특성'으로 여자는 미모가 뛰어나고 남자는 언변이 뛰어나다.

자존심이 강해 여자는 남자에게 지기 싫어하고 남자는 남자에게 특히 지기 싫어한다.

리더십이 강하고 대인관계는 좋은 편이다.

괴강(魁罡)일주는 운에 따라 길흉(吉凶)이 뚜렷하게 나타나는데, 흉운(凶運) 때는 매우 나쁘고, 길운(吉運) 때는 크게 성공한다.

한마디로 괴강은 '강한 지도력' 상관상진의 기운이다.

(고전이론에 의하면 괴강살 있는 여성은 팔자가 좋지 않고, 부부가 무정하다고 하나 이는 현대에는 맞지 않는 이론이다. 괴강은 카리스마가 있고, 내가 이끌고 가려

는 에너지가 넘치는 일주이다)

※ 상관견관의 속 이야기

상관견관(傷官見官)의 대표 현상은 '눈 감고, 귀 막는 현상'이다.

타인이나 지인의 충고를 외면한다면 상관 경관을 의심해 봐야 한다.

이 운(運)의 특징은 들뜬 기분으로 뭐든 하면 다 성공할 것 같고, 다 잘될 것 같은 착각이 든다는 것이다.

이른바 **'착각살'**이다.

극단적으로 비유하자면 마약에 취한 사람이 자신이 새가 되어 하늘을 날 수 있다는 착각에 빠져 옥상에서 뛰어내리는 현상과 비슷한 것이다. 또 여성의 경우는 바람이 날 가능성이 매우 높아진다.

기혼여성은 물론 미혼 여성도 양다리가 될 가능성이 커지는 시기이다.

※운(運)이 아닌 사주원국에 상관견관(傷官見官)이 있을 때 직장의 불안정함이 매우 가중된다. 반드시 한 우물을 파야 성공할 수 있다.

원진(怨嗔) 귀문관살(鬼門關殺)

귀문(鬼門)과 원진(怨嗔)이 직방살로 들어오면 반드시 이혼하거나 흉액(凶厄)이 따른다.

원진 귀문살(鬼門殺)은 함께 들어오는 경우가 많은데 직방으로 들어올 경우, 반드시 흉살(凶殺)이 발동한다.

우리에게 익숙한 원진(怨嗔)살보다는 귀문살(鬼門殺)이 더 심각한 영향을 미친다.

원진(怨嗔)은 자미(子未), 축오(丑午), 인유(寅酉), 묘신(卯申), 진해(辰亥), 사술(巳戌)

귀문관살(鬼門關殺)은 자유(子酉), 미인(未寅) 외에 원진과 같은 구조이다.

축오(丑午), 묘신(卯申), 진해(辰亥), 사술(巳戌)은 원진 귀문관살이다.

(귀문관살은 정신장애이며, 원진살은 잔소리가 심하다)

원진귀문관살은 천라지망과 함께 매우 강력한 흉살(凶殺)로 작용하기 때문에 반드시 알아 두어야 한다.

그런데 여기서 가장 중요한 것은 원진귀문이 **'직방살'**로 들어오는 경우이다.

그냥 원진 귀문관살과 **'직방살'**은 완전히 다르다. 직방살로 들어오는 경우는 흉(凶)이 가중되어 찻잔의 미풍이 태풍이 되어 부는 형상으로 변한다.

따라서 천라지망과 마찬가지로 직방살은 매우 강력한 사건 사고로 이어진다.

'직방(直方)'이란 사주원국에 원진귀문(怨嗔鬼門)이 있는데 운(運)에서 또 들어오는 것을 의미한다.

이혼, 사별, 자살, 교통사고, 구설수, 관재 등 다양한 형태로 들어오는데 일지(日支)를 기준으로 가장 강력한 흉(凶)작용을 한다.

예를 들어 관성(官星)이 **직방(直方)**살을 맞으면 직장과 명예, 이혼 사별 등 **한순간** 모든 것을 잃어버릴 가능성이 높아지고, 재성(財星)인 경우는 재물과 아내, 혹은 애인과 이혼, 사별할 가능성이 높다.

식상일 경우는 자식과 건강이 직결되는 경우가 많으며 비겁일 경우는 형제, 동료, 구설, 관재와 관련되는 경우가 많다.

궁합(宮合)을 볼 때 반드시 보는 원진살은 태어난 년, 띠로 보는 경우가 많은데, 이는 잘못된 것으로 **'태어난 날'** 일지를 중심으로 보아야 한다.

만일 궁합에 원진 귀문살이 있는데 직방살로 놓여 있다면 이혼 사별할 가능성이 80% 이상이다.

실제 살아도 떨어져 살거나 자식 때문에 어쩔 수 없이 사는 형식적인 부부관계일 가능성이 높다.

그러나 단순히 원진살이나 귀문관살이 사주에 있는 것만으로는 혼인생활에는 아무 지장이 없다.

직방살만 아니면 궁합에서 나쁜 작용을 하지 않는다는 의미이다.

"원진귀문관살은 땅속 지뢰처럼 건드리지 않으면 절대 터지지 않는다."

그러나 건드리면 '뻥' 하고 터진다. 건드린다는 의미는 바로 직방살이 운 (運)에서 들어온다는 것이다.

■ 귀문관살(鬼門關殺)의 작용

"술이 사람을 못된 놈으로 만드는 것이 아니라 그 사람이
원래 못된 놈이라는 것을 술이 밝혀준 것이다."

-귀문관살 일동-

"술은 귀문관살의 촉매제 역할을 한다."

그래서 귀문관살이 있는 사람이나 직방살로 들어온 해에는 술을 마시면 안 된다.

내 안의 또 다른 내가 나타나는 이중 성격이 발현되기 때문이다.

갑자기 폭력적으로 바뀌거나 우울, 공황장애 등을 겪을 수 있다.

귀문관살(鬼門關殺)은 3대 흉살(凶殺)로 포함될 만큼 위협적이다.

귀신이 문으로 들어온다는 흉살로 무술(戊戌)년에 일지(日支), 시지(時支), 연지(年支)에 사화(巳火)가 있으면 이 흉살(凶殺)에 다 적용된다.

또 그중에서도 제일은 사술(巳戌) 원진귀문이 이미 있는 사람이다.
일명 귀문관살 직방이라고 하는데 이 사람은 반드시 흉액(凶厄)이 따르니 조심해야 한다.

귀문관살(鬼門關殺)운이 들어오면 멀쩡하다가도 술만 취하면 폭력적으로 변하거나 의처증, 공황장애 등이 발생된다.
이 현상을 일종의 '빙의'로 보는 경우도 있어 무당내림굿을 하라고도 하는데 이는 잘못된 해석이다.
운(運)에서 들어온 일시적 현상이고 의학적 치료로 완치가 가능하다.

술에 취하면 욕하고 의심하고 폭력적으로 변하는 사람이 있으면 일단 귀문관살을 의심해 보아야 한다.
안 하던 버릇이나 행동이 나오고(멍 때리기, 반복행동, 잔소리) 특히 남자들에게 더 치명적인 흉살인데 사람 자체도 매우 소심해진다.
그렇다고 겁낼 필요는 없다.

병(病)이 있는 곳에 반드시 약(藥)도 있는 법이니까 일단 올해 귀문관살이 들어오는 사람은 무조건 음주를 삼가고 운동, 명상, 인문 서적, 탐독 등 마음의 평화를 유지하는 데 전력투구한다.
종교적 행사나 봉사활동 등은 흉살의 작용을 완화시켜 매우 좋다.
단 유흥이나 먼 여행 등은 자제해야 한다.
천라지망, 상관견관과 함께 3대 흉운(凶運)으로 뽑히는 **'귀문관살'**은 대개 원진과 함께 들어오는 경우가 많다.
그래서 부부관계, 즉 가장 가까운 가족을 괴롭히는 대표 흉살(凶殺)로 이혼 등 가정불화도 많이 생겨 원진살의 영향으로 착각하는 경우가 많으나 실제로는 원진살 때문에 나쁜 것이 아닌 귀문관살의 영향인 것이다.

술에 취하면 빙의가 제대로 이루어지는데 상관(傷官)이 귀문관살에 들면 방언이 터지는 등 신내림 현상이 일어나기도 한다.
그렇지만 그것은 실제 신내림이 아니며 귀문관살 운이 지나가면 다시 괜찮아지니 아무 효과도 없는 내림 굿, 부적 등은 안 하는 것이 좋다.

귀문관살의 종류는 **자유(子酉), 인미(寅未), 축오(丑午), 진해(辰亥), 사술(巳戌), 묘신(卯申)**이 있는데 그중 **축오(丑午), 진해(辰亥), 사술(巳戌), 묘신(卯申)**은 원진과 중복이다.

귀문관살의 강도를 순서대로 배열한다면 **사술(巳戌), 축오(丑午), 진해(辰亥), 자유(子酉), 인미(寅未), 묘신(卯申)** 순이다.

여기에는 전제조건이 있다.
원진 귀문살이 작동하기 위해서는 두 글자가 전부 붙어 있어야 한다.
떨어져 있는 것은 합충(合沖)처럼 효과가 미미하다.

일지(日支)에 두 글자가 있을 경우 파괴력이 가장 강한데 이때 운(運)이나 궁합으로 똑같은 글자가 들어오면 직방살(直方殺)로 매우 강력하게 작용한다.
빙의 현상, 이중성격, 공황장애, 부정망상, 폭력, 잔소리 등 그 특징도 매우 다양하게 나타난다.
사주를 보면 우선 천라지망, 귀문관살, 상관견관을 보고 그다음 합충형파(合沖刑破)를 살펴봐야 한다.
좋은 것보다는 나쁜 것을 찾는 게 훨씬 중요하기 때문이다.

귀문관살은 매우 흔한 살이지만 잘 살피지 않으면 큰 위협이 되는 흉살(凶殺)이다.

범죄와 연루되면 사이코 패스의 성향을 보이기도 한다.

"사주는 과학이다."

즉 귀문관살도 진짜 귀신 현상이 아닌 자연 현상의 일부로 이해해야 한다.

올해 **사술(巳戌)** 귀문관살의 경우로 설명하자면 사화(巳火)는 여름의 시작이며 술토(戌土)는 가을의 끝이다.

사(巳)는 양기지이진(陽氣之巳盡), 양기(陽氣)가 극(剋)에 달았다는 의미이고

술(戌)은 만물진멸(萬物盡滅)이라 하여 양기(陽氣)가 끝났다는 의미이다.

즉 계절의 변화의 시작과 끝이 만나 발생하는 이상기후현상인 것이다**(환절기 날씨 현상)**.

"귀신(神)이 들어왔다는 등 굿이나 부적을 받고 심지어 내림굿을 받아야 하는 등 귀신 씨나락 까먹는 소리는 이제 하지 말자."

5. 업상대체(業象代替)

　사주에서 업상대체(業象代替)의 의미는 한 마디로 표현하면 '강한 직업의 선택'이라고 할 수 있다.

　예를 들어 강한 직업을 형살로 분류해 보자.

　첫째, 인사신(寅巳申)삼형살은 권력직으로 생살(生殺)여탈권이 있는 군인, 검찰, 경찰(대포, 총, 칼)과

　둘째, 축술미(丑戌未)삼형살은 활인(活人)업으로 사람을 살리는 의사, 한의사, 간호사 선생, 사주명리상담가 등이 있다.

　사주오행 구성이 지나치게 강할 경우 자신이 받은 흉(凶)한 기운을 직업으로 대신한다는 의미가 바로 업상대체(業象代替)이다.

　불교적인 관점에서 보면 보시를 통해 공덕을 쌓거나 기독교 천주교 관점에서는 어려운 이웃에게 봉사하고 하느님 사랑을 조건 없이 수행하는 행위일 것이다.

　사주에서 선행과 공덕을 쌓는 행위가 바로 업상대체인 것이다.

　실제로 업상대체사주로 사업을 하거나 장사를 하면 삶의 고통이 매우 심해진다.

　반대로 강한 직업으로 업상대체를 한 경우 그 분야에서 승승장구하여 크게 발복하는 경우가 대부분이다.

　똑같은 사주에서 어떤 사람은 성공하고 또 어떤 사람은 실패하는 결과가 생기는 까닭은 바로 이 업상대체가 원인이다.

실제로 매우 강한 사주인데도 불구하고 업상대체로 인해 잘사는 사람들은 생각보다 많다.

특히 부부가 모두 업상대체가 된 경우는 자신이 속해 있는 곳에서 승승장구하는 경우가 대부분이었다.

때문에 사주가 안 좋다고 실망할 이유가 전혀 없다.

자신에 맞는 직업을 선택하면 되는 것이다.

사주에서는 이것을 격(格)이라고도 하는데 월지(月支)를 기준으로 하며 사회에서 자신에게 요구하는 직업을 의미한다.

하지만 개인의 개성이 우선시되는 현대사회에서는 격(格)의 효용성은 과거보다 떨어진다.

업상대체(業象代替)의 가장 중요한 조건은 마음가짐이다.

내 마음가짐을 바꿔야 업상대체도 가능한 것이다.

누군가에게 힘이 되어준다는 생각이 내 운명의 지침을 움직일 수 있게 하는 힘이 되는 것이다.

⊙ 직업을 선택할 수 없는 경우의 업상대체(業象代替)는 봉사활동이나 자기성찰, 수행 등으로 대신할 수 있다.

중요한 것은 내 마음이다.

내가 누군가를 진심으로 돕겠다는 마음이 생기는 순간부터 업상대체(業象代替)가 시작되는 것이다.

6. 최고의 개운(改運)법은 선행(善行)

개운(符籍)이란 운(運)을 개선한다는 의미인데 가장 좋은 개운 방법은 부적(符籍)도 풍수도 아닌 선행(善行)일 것이다.

선행(善行)은 '관인상생(官印相生)'이 만들어 낸다.
흉(凶)한 운(運)에서 선행을 행하면 실제로도 개운되는 경우가 과학적으로 상당히 근거가 있다고 밝혀진 바 있다.
그것은 선행 자체가 우주의 본래 기운을 받아들이는 행위이기 때문이란 설도 주목받고 있다.

우리가 선행을 할 때, 마음가짐이 달라지면서 좋은 기운이 몸과 정신에 깃든다.
그러한 맑은 기운은 정확한 판단력과 말씨, 행동까지 변화를 주게 되어 주변 사람들에게 호의적인 감정을 이끌어내기도 하고 실질적으로 도움으로 연결되기도 한다.

모든 종교에서 "남을 조건 없이 도와라." 하는 이유는 그것이 인류의 가장 높은 가치(인류애)이기도 하지만 자연의 원리로 그 행위가 결국 나 자신을 돕는 행위도 되기 때문이다.

엄마가 행복해야 자녀도 행복하다는 가장 단순한 진리가 모든 종교는 물론이고 사주명리 철학에도 담겨 있다.

"선행은 나 자신을 돕는 일이다."

흔히 개운법으로 값비싼 대가를 지불하는 경우가 많은데 지난 2,500년 간 인류의 성인(聖人)들은 우리에게 말해 주었다.

'일체유심조(一切唯心造)'

모든 것은 마음이 만들어 내는 것이다.

사주명리에서 최고의 개운법은 '마음'에서 시작된다.

마음을 다스리고 남과 나를 구분하지 않으며 나를 대하듯 남을 대하고 나를 존중하듯 남을 존중하면 자연스럽게 개운이 시작된다.

개운은 크게 2가지로 나눌 수 있다.

첫째 물리적인 방법과 두 번째 심리적인 방법이다.

첫째는 개명이다.

이름을 바꾸는 것인데 그 기초는 음양오행(陰陽五行)이다.

제일 영향력이 있는 개운 방법이다.

그리고 방향과 색상, 숫자, 풍수적인 방법 등이 있다.

두 번째 성격을 고치는 것이다.

가장 어려운 것이지만 효과는 가장 강력하다.

성격은 타고난 기질이기 때문에 정말 많은 수행을 통해서만, 변화가 가능하다.

그러나 운명을 바꾸는 일이기 때문에 절대 미리 포기해서는 안 된다.

한 가지씩 천천히 하면 된다.

성격을 바꾼다는 것은 어떤 의미인지 알아보자.

실제 예를 들면 필자의 지인 중에 직업이 매우 불안정한 남자가 있었는데 사주에 식상과 관성이 약하고 비겁이 강한 사주였다.

직업이 불안정하다는 것은 직장을 자꾸 옮겨 다닌다는 것을 의미한다.

옮겨 다니는 이유를 물어보니까 대우는 안 해주면서 일만 많이 시키고 자신을 왕따시키며 업무도 적성에 맞지 않는다는 것이다.

그의 사주는 남에게 맞춰주는 관성과 인성이 무력했다.

그래서 그분께 관성과 인성의 성분을 주문했다.

"네가 먼저 그들에게 맞춰주고 존중하라."

만일 그것이 안 되면 너는 평생 이 직장 저 직장 옮겨 다니다가 장가도 못 가고 가난해질 것이다.

선택해라 성격을 고치든지, 가난하고 불행하게 살든지 모든 선택에 대한 책임은 자신의 몫이고 결과도 자신의 것이다.

이 친구는 현재 1년 6개월째 한 회사에 잘 다니고 있다.

물론 운(運)에 따라 위기가 오고 힘든 시기도 반복될 것이다.

그러나 중요한 것은 자기가 스스로 선택한 것에 대해 끝까지 포기하지 않고 책임지려는 태도일 것이다.

성격은 하루아침에 바뀌지 않는다.

그러나 자신의 단점을 인식하고 꾸준히 노력한다면 조금씩 변화가 생긴다.

인간은 만들어지는 것이다.

정형화된 인간은 없다.

원래 태어났을 때 우리는 동물과 다를 것이 없었다.

살면서 언어와 지식을 배우고 습득하면서 만들어진 것이다.

내 성공적인 운명을 위해 지금 이 시간부터 개운의 세계로 들어가 보자.

제5장

사주,
종교·철학을 디자인하다

1. 사주, 불교를 보다

사주와 불교와 유학의 공통분모는 균형을 지향하고 있다는 점이다.

사주는 억부(抑扶)란 이름으로
불교는 중도(中道)란 이름으로
유학은 중용(中庸)이란 이름으로

우주도, 자연도, 몸과 마음도, 모두 균형이 되었을 때 평온하고 건강하다.

자연은 환절기 때 균형이 무너지고 사람은 불안정할 때 균형이 무너진다.
불균형은 마음의 번뇌를 가중하고 면역력을 훼손시켜 건강한 몸을 망가뜨리는 역할을 하기도 한다.

불교는 부처의 가르침을 기반으로 한 종교이다.
처음 인도에서 발생하였고 이를 중국이 가져와서 중국식으로 색칠하여 삼국 시대 때 우리나라에 들어왔다.
우리나라에서 불교 전성기는 통일신라, 고려 시대까지로 천 년 이상 국가적 이념으로 통치의 기반이 되었다.

불교는 종교라기보다는 고차원적인 철학에 가깝다.
모든 것은 마음이 지어낸 것이니 마음을 잘 다스리라는 것이 주요 주제이다.

요즘 우리나라 불교를 보면서 느끼는 점은 불교에 부처님 법은 없고 불교 문화만 있는 것 같다는 것이다.

초기 경전인 숫타니 파타 법구경부터 금강경 반야심경까지 1000번 넘게 듣고 보다 보니 나도 모르게 염불까지 자연스럽게 하게 되었는데 그 안의 부처님 법(法)에는 '**심心**' 하나밖에 없었다.

범소유상 개시허망 약견제상비상 즉견여래
(凡所有相 皆是虛妄 若見諸相非相 卽見如來)
무릇 형상이 있는 것은 모두가 다 허망하다,
만약 모든 형상을 형상이 아닌 것으로 보면,
곧 여래를 보는 것이다.

-『금강경』

일체유심조(日切唯心造)

불교 최고의 경전 『금강경』과 『반야심경』의 핵심사상은 '공(空)'이다. 『금강경』에는 '공(空)'이란 단어가 단 한번도 나오지 않지만 '공(空)'에 대해 가장 완벽하게 설명하고 있다.

인간을 비롯한 모든 존재는 시간 선상에서 수많은 인연으로 인해 만들어진 가합(假合)적인 존재이지 영원불멸한 존재가 아니다.

가합(假合)은 필요에 의해 일시적으로 만들어졌다가 인연이 다하면 흩어지는 순환적 존재라는 의미이다.

그런데 인간은 곧 사라질, 혹은 이미 사라져 존재하지 않는 것에 대해 집착하고 번뇌하고 고통을 만들어 낸다.

그것은 '욕심'이 만들어 낸 허상이라는 것이다.

가합(假合)**적인 존재란 있지만 있지 않은 것이고, 있지 않지만 있는 것이 되기도 한다.**
『**반야심경**』**에 나오는 색**(色)**과 공**(空)**이 다르지 않고 색**(色)**이 곧 공**(空)**이고 공**(空)**이 곧 색**(色)**이란 의미이다.**

즉 우리가 늘 집착하고 번뇌하고 고통스러워하는 것도 본래는 없는 것인데 우리의 욕망이 만들어 낸 부산물인 것이다.

열반이 곧 번뇌이고, 번뇌가 곧 열반이며, 피안(彼岸)이 차안(此岸)이고 차안이 피안이다.
이 모든 것이 결국 '마음'에서 종결된다는 것이 불교이고 부처님 법(法)이다.

우리의 분별심이 열반과 번뇌를 구분하였을 뿐, 원래 열반과 번뇌는 같은 것이란 의미이다.

좋은 것 나쁜 것, 더럽고 깨끗한 것, 이쁘고 못생긴 것, 크고 작은 것, 마음이 만들어 낸 분별심이다.
즉 허상이라는 것이며 본래 그것은 그것일 뿐이다.

乃至 無老死 亦無老死盡 無苦集滅道
(내지 무노사 역무노사진 무고집멸도)
늙고 죽음도 없고, 고집멸도도 없다.

불교 최고의 압축 경전 『반야심경』은 초기 불교의 모든 이론을 다 무시

해 버린다.

초기불교의 가르침인 **사성제(四聖諦)**를 초기화해버린다.

사성제(四聖諦)란 **고집멸도(苦集滅道)**인데 불교의 근본 교리를 나타낸다.

인생의 괴로움(고), 괴로움의 원인인 번뇌의 모임(집), 그 번뇌에서 벗어난 열반(멸), 깨달음의 경지에 이르는 방법(도), 그 **실천 수행방법으로 팔정도(八正道)를 제시하였다.**

그러한 사성제(四聖諦)의 위대한 사상이 『반야심경』에서는 모두 무시되어 버린다.

초기 불교사상인 고집멸도(苦集滅道)가 없다는 의미인가?

물론 아니다.

이것을 잘못 해석하면 큰 오류를 범하게 되는데 대승불교와 소승불교의 차이일 수도 있고 단계별 학습이라고 할 수도 있다.

즉 불교도 초등, 중등, 고등과정이 있는 것이다.

우선은 자신을 수신(修身)하는 방법이 초기 불교이고 수신한 그다음 중생을 구제하는 목표로 삼는다.

불교에서 수신(修身)이란 **'아라한 도', '아뇩다라삼막삼보리심', '열반', '깨달음'** 등으로 표현된다.

물론 중생을 구제한다는 생각 자체도 중생상이라고 하여 잘못된 망상이며 실제 부처도 모든 중생을 구제하려 했지만, 실제 구제한 중생이 없다고 금강경에서 법(法)하셨다.

즉 자신을 구할 수 있는 것은 오직 자신뿐이며 깨달음은 가르칠 수 없고 독각(獨覺)에 의해 얻을 수 있다고 하셨다. 숫타니 파타에서 법(法)하신 "무소의 뿔처럼 혼자서 가라."와 같은 맥락일 것이다.

공자의 유학과 비교하자면 불교의 열반(涅槃, nirvana)은 유학의 수신(修

身)과 같은 의미이고 불교의 대승적 중생 구제의 의미는 유학에서 수신제
가치국평천하(修身齊家治國平天下)와 같은 의미인 것이다.

인간상의 목표를 불교는 보살, 부처, 유학은 선비, 군자에 둔다.

이 모든 철학의 근원이 자연법에서 왔기 때문에 동양 철학의 뿌리는 모
두 비슷한 것이다.

공자의 종심소욕불유구(從心所慾 不踰矩), 부처의 열반(涅槃, nirvana)은 모
두 완전한 깨달음이며 이를 통해 실현하고자 하는 최종목표는 '**인(仁)', '열
반**', 즉 조건 없는 청정한 사랑을 통해 인간과 인간, 인간과 자연의 아름다
운 조화와 균형을 실현하는 데 둔다.
사주명리(四柱命理)의 목표도 비슷한 면이 많다.

대승불교의 시작점이자 마지막인『금강경』의 정식 명칭은『**금강반야바
라밀경(金剛般若波羅蜜經)』**, 산스크리트어로는 바즈라체디카 프라즈냐파라
미타 수트라(Vajracchedikā Prajñāpāramitā Sūtra, 영어: Diamond Sūtra), 제목
으로 풀이하자면 '**다이아같이 단단한 번뇌를 더없는 지혜로 부셔버리고
열반에 들어가자'는 의미**인데 원래는 다이아가 아닌 인도의 힌두신이 만
든 금강(金剛) 창인데 가장 단단한 금속으로 만든 창이란 의미로 다이아와
별반 다르지 않다.
즉 금강(**金剛**)은 다이아, 최고 단단한 광물이다.

이처럼 단단한 우리의 번뇌를 단숨에 깨부수고 완전한 깨달음을 얻는
것이 부처의 가르침이다.
그 방법은 '아상, 인상, 중생상, 수자상'을 버리라는 공(空)사상이다.

아상, 나라는 생각 (자신 중심적인 이기심)
인상, 너라는 생각 (너와 내가 다르다는 분별심)
중생상, 남을 구제할 수 있다는 생각 (자만심)
수자상, 영원히 살 것처럼 행동하는 욕망 (집착)

『금강경』에는 공(空)이란 단어가 나오지 않는데도 불구하고 공(空)의 개념을 가장 완벽하게 설명하고 있다.

> 부처는 자신의 법(法)조차 "뗏목처럼 쓰고 버려도 좋다."
> 라고 말씀하였다.
>
> -『금강경』-

너희 모두가 불성(佛性)을 가지고 있고 그것을 드러내는 순간 부처가 되는 것이니 법(法)은 스스로 만들라는 의미이다.
즉 스스로 깨닫고 그 깨달음을 잘 유지해야 한다는 것이다.

진짜 부처님 법(法)에는 권력도 재물도 심지어 불상조차도 없다.
무여열반으로 사리조차도 남기지 말라고 하셨다.

그저 **"방일치 말고 정진하여라."**란 평범하지만 위대한 마지막 말씀을 남기고 평화롭게 죽음을 맞이한다(『대반열반경』).
"게으름 피우지 말고, 수신(修身)하며 늘 깨어 있으라."는 우리의 아버지와 스승님의 평범한 말씀이다.
진정한 불교의 정신은 이렇게 평범하지만 위대하다.
우리나라 현재의 불교는 부처의 가르침을 제대로 전달하지 못하고 있다.

불교는 신앙이 될 수 없는 종교이다.

신(god)이 존재하지 않기 때문이다.

모든 것은 내 마음에 담겨있고 내 마음이 곧 부처인 것이다.

'부처'란 깨달은 사람이라는 의미이다.

우리 모두 부처가 되는 날이 오기를 간절히 기원해 본다.

● 불교 최고의 경전 『반야심경』

(동아시아에서 최고의 개운(改運) 효과가 있는 주문으로 알려져 있다)

般若波羅蜜多心經
반야바라밀다심경

摩訶般若波羅蜜多心經
마하반야바라밀다심경

觀自在菩薩 行深般若波羅密多時 照見五蘊皆空 度一切苦厄
관자재보살 행심반야바라밀다시 조견오온개공 도일체고액

舍利子 色不異空 空不異色 色卽是空 空卽是色 受想行識 亦復如是
사리자 색불이공 공불이색 색즉시공 공즉시색 수상행식 역부여시

舍利子 是諸法空相 不生不滅 不垢不淨 不增不減 是故 空中無色
사리자 시제법공상 불생불멸 불구부정 부증불감 시고 공중무색

無受想行識 無眼耳鼻舌身意 無色聲香味觸法 無眼界 乃至 無意識界
무수상행식 무안이비설신의 무색성향미촉법 무안계 내지 무의식계

無無明 亦無無明盡 乃至 無老死 亦無老死盡
무무명 역무무명진 내지 무노사 역무노사진

無苦集滅道 無智 亦無得 以無所得故 菩提薩陀 依般若波羅密多
무고집멸도 무지 역무득 이무소득고 보리살타 의반야바라밀다

故心無罣碍 無罣碍故 無有恐怖 遠離顚倒夢想 究竟涅槃
고심무가애 무가애고 무유공포 원리전도몽상 구경열반
三世諸佛依般若波羅密多 故得阿耨多羅三藐三菩提 故知般若波羅密多
삼세제불의반야바라밀다 고득아뇩다라삼먁삼보리 고지반야바라밀다
是大神呪 是大明呪 是無上呪 是無等等呪 能除一切苦 眞實不虛
시대신주 시대명주 시무상주 시무등등주 능제일체고 진실불허

故說般若波羅密多呪 卽說呪曰
고설반야바라밀다주 즉설주왈,

揭諦揭諦 波羅揭諦 波羅僧揭諦 菩提 娑婆訶
아제아제 바라아제 바라승아제 모지 사바하

揭諦揭諦 波羅揭諦 波羅僧揭諦 菩提 娑婆訶
아제아제 바라아제 바라승아제 모지 사바하

揭諦揭諦 波羅揭諦 波羅僧揭諦 菩提 娑婆訶
아제아제 바라아제 바라승아제 모지 사바하

불교 철학의 최고 경전으로 관자제보살(부처)이 사리불자에게 가르침을 주는 형태로 되어있다.

주요 내용은 공(空)사상, 보살 사상 등이다. 현상계에서 일어나는 모든 현상은 실제 존재하는 것(색色)처럼 보이지만 본질은 허상(無) 공(空)이다.

그러므로 색(色)이 곧 공(空)이 될 수도 있고, 공(空)이 색(色)도 될 수 있다는 것이며 수상행식(受想行識)도 역부여시(亦復如是), 즉 그러하다는 의미이다.

수(受)는 사물을 인식하여 받아들이는 상태이며,

상(想)은 인식한 사물이 형상화되는 상태이며,

행(行)은 형상화된 사물을 소유하여 사용하려는 상태이며,

식(識)은 소유하여 사용되어 있는 상태를 의미한다.

역부여시(亦復如是)도 이와 같다는 의미로 이러한 수상행식(受想行識)이 모두 공(空)한 것을 깨달을 때 모든 액운이 사라진다는 의미이다.

※수상행식(受想行識): 인간의 오감으로 느낄 수 있는 현실 세계

※역부여시(亦復如是): 이와 같다는 의미

현실 세계(色)도 실제는 공(空)한 것이란 의미이다. 열반이 곧 번뇌이며 번뇌가 곧 열반이다란 대승적 의미의 불교로 개인의 깨달음만을 추구했던 초기 불교와는 큰 차이가 있다.

우리나라에서 최초의 대승불교는 **통일신라 시대** 원효대사 때부터로 알려져 있다.

※일체유심조(一切唯心造): 모든 것은 마음이 만들어 낸 것이다.

2. 고전을 버려야 산다

사주명리 철학은 천 년을 내려오는 동안 발전과 후퇴를 거듭해 왔다.

그 과정에서 생겨난 많은 이론들은 약(藥)과 독(毒)이 되어 우리나라 사주명리에 남아있다.

어떤 철학이든 맹신은 금물이다.

자유롭게 비판할 수 있어야 건강하다.

'사주의 바이블 유백온의 『적천수』에 대한 비판'

고전에는 발전 계승시켜야 할 이론도 많지만 황당한 이론도 다수 있다.

좋은 건 받아들이고 안 맞는 건 버려야 사주가 살 수 있다.

유백온 선생의 『적천수』는 운(運)과 용신(用神)에 대한 설명이 모호하고 그의 제자 임철초는 『적천수』의 임상서에서 한 번 더 왜곡한다.

『연해자평』, 『자평진천』, 『삼명통회』, 『난강망』 등 많은 고서를 접하며 필자가 한 생각이 '**맹신**'은 금물이라는 생각이었다. 절대적인 이론은 그 어디에도 없었다.

단지 필요에 따라 부분적으로 가져다 사용하는 것이다.

종합하고 분석하고 결론을 만드는 것은 모두 각자의 몫이다.

그래서 사주명리가 아직도 어려운 학문으로 남아있는 것이다.

교과서가 없다.

필자가 고전에 대한 기준을 마련할 수 있었던 근거는 '음양오행'이론이다.

'음양오행'에 근거하여 사주명리의 기준을 마련했기 때문에 명확하게 구

분할 수 있었다. 또 필자의 스승은 지난 이천 년 넘게 검증된 4대 성인 성현들의 철학을 근거로 했기 때문에 정확하다고 확신할 수 있었다.

'음양오행'의 목적은 '균형'이고 사주명리는 음양오행의 학문이다.

따라서 이것에 위배되는 사주이론은 모두 버려야 한다.

초기 사주명리 이론을 만든 훌륭한 분들도 사람이기에 틀릴 수 있고 서로 생각이 다를 수 있다. 다만 전 국민의 관심과 사랑을 받는 사주명리, 고전을 현대에 맞게 재해석하여 버릴 것은 버리고 발전시킬 것은 더 발전시켜야 하는 시점이 된 것이 아닌가 하는 생각이 드는 것이다.

예를 들면, 임철초 선생의 사주 임상서인 『적천수천미』를 보면 길흉(吉凶)을 직업적으로 보았을 때 벼슬이 최고의 길운(吉運)으로 되어 있다.

즉 관성을 최고의 가치로 인정했고 그다음 재성을 최고로 여겼다.

또 여성에 대한 임상은 전무하며 인생의 최고 길운(吉運)을 입신양명에 기준점을 두었는데 현대는 어떻게 바뀌었는지 보자.

공직보다는 연예인을 더 선호하고, 교환가치의 재물보다는 문서화된 재물(지적 재산권, 부동산 임대업)이 각광받는 시대가 되었다.

또한 여성의 사회적 진출이 획기적으로 늘어나 여성에 대한 사주 임상이 남성과 비교해서 결코 뒤지지 않는다고 할 수 있다.

시대적 상황과 가치가 달라진 것이다.

다윈의 말처럼 사주도 **"강한 것이 살아남는 것이 아닌 변하는 것이 생존한다."**라는 것을 명심해야 할 것이다.

학문은 물과 같아서 정체되어 있으면 탁해진다.

사주명리를 공부하시는 분들도 사주명리 발전을 위해 새로운 시도를 해보시길 권한다.

⊙ 『적천수(滴天髓)』의 운(運)에 대한 오류

『적천수(滴天髓)』에 따르면 **"개두(蓋頭)와 절각(截脚)을 논하니 상하(上下)를 끊어보면 안 될 것이며 함께 보되, 대운(大運)은 지지(地支)를 중하게 보고, 세운(歲運)은 천간(天干)을 중히 보아야 한다."**라고 되어 있다.

그러나 실제로는 5년씩 끊어서 보는 것이 많이 사용되고 있다.

적천수 이론에 따르는 것은 잘못된 운명법이다.

하지만 논리의 오류를 범한 적천수의 이론은 아직도 사주의 교과서처럼 사용되고 있다.

적천수에서는 개두와 절각에 대해 아래와 같이 설명하고 있다.

개두(蓋頭)는 지지(地支)가 용신(用神)이고, 절각(截脚)은 천간(天干)이 용신(用神)인 경우이다.

"개두(蓋頭)는 흉(凶)이 반감되지만, 절각(截脚)은 10년이 다 흉(凶)하다."라고 되어 있다.

이 말이 사실이라면 **절각(截脚)운** 때 거의 모든 사람이 다 죽거나 죽을 만큼 힘들어야 한다는 논리가 성립된다.

그런데 정말 그럴까?

절각(截脚)운 때 성공하는 사람도 있고 결혼하거나 진급하는 사람들도 있다.

그렇다면 어째서 10년이 다 흉(凶)하지 않은 것일까?

이유는 **"상하(上下)를 끊어보면 안 될 것이며 함께 보되,"**라는 오류 때문이다.

필자도 『적천수』로 공부했던 경험이 있는데 운세 부분에서 엄청난 혼란을 겪었던 적이 있다.

국민 대표 흉살(凶殺)인 삼재(三災)를 보자.

3년간 안 좋다는 의미인데 이는 터무니없는 소리이다. 전 국민의 25%가 3년 동안 계속 재수 없다는 것이 말이 되는 소리인가?

이러한 비논리적인 것들이 '사주명리'의 발전을 저해시키는 주범이라고 생각한다.

운(運)이란 말 그대로 끊임없이 움직인다는 의미가 담겨있다.

개두와 절각은 나누어 보는 것이 맞다.

그러나 상하(上下)로 나눈 그 기간 속에서 또 나누고 시점을 찾아야 한다.

사주 감정에서 운세 분석은 가장 어려운 부분이다.

그러나 이것을 제대로 해석하지 못하면 사주 감정은 엉뚱한 곳으로 갈 수밖에 없다.

『적천수(滴天髓)』에 따르면

"부귀가 비록 격국(格局)에서 결정된다고는 하지만 실제로 길흉(吉凶)은 행운(行運)과 관계되는 것인데, 이른바 말하는 명(命)이 아무리 좋다고 해도 행운(行運)이 좋은 것보다 못하다."라고 되어있다.

※행운(行運)이란 '움직인다'란 의미로 '좋은 운'이란 의미가 아니다.

명(命)은 사주를 의미하는 것이며 행운(行運)은 움직이는 운(運)을 나타낸다.

실제로도 사주보다 운(運)이 길흉(吉凶)을 결정짓는 경우가 대부분이다.

그러나 운(運)이 좋고 나쁘다는 것은 절대적인 기준이 아니다.

때문에 너무 지나치게 운(運)의 길흉(吉凶)에 집착할 필요가 없다.

심지어 운(運)이 나쁘다고 하면 굿이나 부적 등을 쓰는 경우도 있는데 이는 시간 낭비, 돈 낭비일 뿐이다.

오히려 예술가나 수도자들에게는 운(運)이 나쁠 때 위대한 작품이 만들어지고 깊은 깨달음을 얻기도 한다.

운(運)은 재물, 진급, 합격, 성공 등 지극히 유형(有形)적인 사회성에 국한되는 경우가 대부분이다.

> 운(運)은 크게 5가지로 나눌 수 있다
>
> 10년 동안 영향을 미치는 대운(大運)
> 1 년 동안 영향을 미치는 세운(歲運)
> 1 개월 동안 영향을 미치는 월운(月運)
> 1 일 동안 영향을 미치는 일운(日運)
> 2 시간 동안 영향을 미치는 시운(時運)

『적천수(滴天髓)』에서는 대운(大運)과 세운(歲運)에 대한 설명만 있고 월운(月運), 일운(日運), 시운(時運)에 대한 언급은 없다.

그렇다면 **월운(月運), 일운(日運), 시운(時運)**은 불필요한 것일까?

대부분 역술가의 감정도 대운과 세운에만 국한되어 있다.

실제로 사건 사고가 일어나는 것은 대운(大運) 속의 세운(歲運), 월운(月運), 시운(時運) 때인데도 말이다.

가령 대운(大運)에서 흉운(凶運)이 들어왔다고 가정해 보자.

도대체 어느 때에 사건 사고가 일어날지에 대해서는 언급이 없다.

즉 시기만 있을 뿐 **시점은 없는 것이다.**

이것은 겨울에는 감기 조심하고, 여름에는 식중독을 조심하라는 말과 같다.

그 시점을 알려주는 기능을 하는 것이 세운(歲運), 월운(月運), 시운(時運)이다.

시점을 어떻게 구분할 수 있는지는 다소 복잡하다.

하지만 이것을 반드시 알아야만 사주의 대비기능을 할 수 있다.

적천수의 사소한 오류는 여러 곳에서 발견되는데 그중 대표적인 것이 운(運)의 길흉(吉凶)을 개두와 절각으로 구분하고, 충(沖)은 중요한데 형(刑)은 중요하지 않다고 언급한 것과 세운(歲運)은 천간, 대운(大運)은 지지가 더 중요하며 대운(大運)을 볼 때, 간지(干支)를 끊어보지 말고 함께 보라는 등 다소 맞지 않는 이론들이 사주명리의 바이블인『적천수』에 기록되어 있다.

이것을 맹신한 대다수 역술인들이 운세의 시기를 척천수의 이론으로 적용하다 보니 운세의 시점이 맞지 않는 결과가 나오는 것이다.

적천수의 망령이 아닐 수 없다.

그의 제자인 임철초는 임상서인『적천수천미』에서 그의 주장이 맞다고 확인까지 하고 있다.

예를 들면 **"용신(用神) 대운 때 벼슬에 나가, 기신(氣神)대운 때 귀양을 갔다."** 이런 식이다.

(인과관계에 대한 설명이 없다)

길운(吉運) 10년 동안 계속 과거에 합격한 것도 아니고 흉운(凶運) 10년 동안 계속 귀양만 간 것도 아닐 것인데 말이다.

사주 감정이 맞지 않으면 사주명리는 영원히 변방의 학문으로 남을 수밖에 없다.

사주명리가 성리학처럼 중국보다 우리나라에서 더 발전했으면 하는 것이 필자의 바람이다.

사주명리에서도 중국의 '주자'를 뛰어넘는 이율곡, 이황 같은 분이 반드시 나오기를 기대해 본다.

3. 유교와 기독교

사주와 유교(儒敎)는 같은 동양철학으로 그 시작은 음양오행(陰陽五行)이다.
따라서 공통분모도 균형이고 추구하는 목적은 과유불급(過猶不及)으로 비슷하다.
유교의 최고 덕목은 인(仁)이고 이는 어진 마음, 즉 인간애를 의미한다.
음양오행에서 목(木)이 인(仁)에 해당한다.

즉 인(仁)이란 본래의 순수한 마음이란 의미를 지니고 있다.
최고의 인간 목표를 군자, 선비에 둔 것도 이와 맥을 같이 한다.
불교에서 부처 보살과 같은 의미이다.

그렇다면 군자, 선비, 보살은 어떤 사람인가?
인간애가 있는 사람, 남을 위해 희생하는 사람, 마음이 순수한 사람.
이것이 의미하는 것은 '균형'이다.
유교적 관점에서 보면 부처나 예수도 선비 군자이고, 불교적 관점에서 보면 공자나 예수도 보살이고 부처이다.

마음의 균형은 중도(中道), 중화(中和)이며『논어』에 보면 과유불급(過猶不

及)이란 말이 나온다.

"지나친 것은 모자란 것과 같다."는 의미이다.

불가에서도 수행법은 '중도(中道)'이다.

마음을 치우치지 않게 중도(中道)에 둠으로서 깨달음을 얻는 것이다.

사주명리도 음양오행(陰陽五行)에서 출발한 학문이기 때문에 '균형'을 중심 철학으로 가지고 있다.

음양(陰陽)은 균형이란 의미가 함축되어 있는데 음양이 무너졌을 때 이를 바로 잡는 것이 억부(抑扶)이고 억부는 사주명리의 핵심철학이다.

때문에 음양(陰陽)이 '균형'이란 이치를 모르면 사주명리는 알 수 없는 학문이 된다.

사주=유학=불학의 공통분모는 '균형'이며 음양(陰陽)이다.

이 세 가지는 모두 심오한 인문과학이며 철학이다.

불교 유교도 일부 종교화시켰지만, 그것은 후대 사람들이 만든 형상일 뿐 본질은 모두 음양(陰陽)에서 시작된 자연법 이론이고 사상이며 인문학이다.

그런데 기독교는 이들과 조금 다른 성향이 있다.

즉 종교적 특성이라기보다는 잘못 전달된 사주 정보로 인한 오해일 가능성이 크다.

가끔 특정 종교(기독교, 천주교, 이슬람교 등)로부터 사주가 미신 취급받을 때가 있다.

사주 감정을 하는 것 자체를 불경한 것으로 간주하기도 한다.

그런데 그 이유를 물어보면 대답하지 못한다.

그냥 왠지 안 될 것 같아서이다.

종교적 특성상 유일신을 섬기는 것이기 때문에 당연하다?

그런데 사주명리는 어떤 신앙과도 아무 연관 관계가 없다. 사주명리는 그저 학문이고 자연과학이 첨가된 인문학일 뿐이다. 그 안에는 신(神)도 없고 어떠한 주술적 요소도 없다. 오히려 사주가 강한 사람들에게는 기독교든 불교든 열심히 종교 활동을 하라고 권유한다.

예수의 '사랑', 부처의 '무상보시', 공자의 '인(仁)'이 의미하는 것은 모두 인간애이고 그 시초는 자연에서 온 것이다.

평범하지만 위대한 말씀도 공통된다.

네 이웃을 사랑하라. 원수까지도 사랑하라.

조건 없이 선행을 베풀어라.

살생을 하지 마라.

도둑질하지 마라.

자기가 하기 싫은 일을 남에게 시키지 마라.

이것이 전부이다.

아무리 많은 말씀 내용들을 다 뒤져봐도 중등 교과서에 나오는 이 평범한 말들이 4대 성인(聖人)의 가르침의 전부이고 진리이다.

2,500년 전부터 이 진리는 인류의 교과서이고 길이며 아직까지 바뀌지 않고 있다.

'인류애와 사랑'보다 더 크고 높은 가치가 미래에 나온다면 바뀔 수도 있겠지만 그럴 가능성은 희박해 보인다.

그런데 지금의 종교는 이 평범한 진리를 실천하고 복음을 전하지 못하

고 있다.

인간의 욕심이 개입된 것이다.

사실 사주명리는 달력이라고 해도 무방하다.

절기에 따라 변화되는 자연현상을 인간의 운명에 대입한 것이기 때문이다.

따라서 '사주를 믿지 마라'는 '달력을 믿지 마라'와 같은 의미이다.

어떤 종교나 신앙과도 관련이 없는 사주가 아무런 죄 없이 돌을 맞는 현실이 안타까울 뿐이다.

종교의 본질은 '사랑'이고 '사랑'의 본질은 배타성이 아닌 포용성이다.
자신과 다른 것도 사랑하고 포용하며 받아들이는 것이 진정한 종교의
의미는 아닐까 생각해 본다.

4. 사주명리의 왜곡

사주명리는 천문학이나 유학, 성리학 등과 더 관련이 깊다.

그런데 아직도 사주명리학이 무속신앙, 점술과 관계가 있다고 생각하는 사람이 의외로 많다.

심지어 부적이나 굿은 안 하느냐고 묻기도 한다.

왜 이런 현상이 생겨난 걸까?

조선 시대까지만 해도 명과(命科)란 이름으로 과거시험을 시행했던 기록이 있다.

그랬던 사주명리학은 19세기 일제에 의해 그 가치가 심하게 훼손되고 만다.

청일전쟁에서 승리한 일본은 1885년 국모(명성황후)를 시해하는 참담한 만행을 저지르고 갑오개혁이란 허울 좋은 포장지를 씌어 사회정화 운동을 단행한다.

그것이 갑오개혁이다.

현대식으로 바꾼다는 미명 아래 조선의 문화를 말살하려는 정책을 폈다.

단발령, 과거제 폐지, 미신타파(무속신앙) 등을 명시했는데 사주명리학도 이때부터 학문적 지위를 잃고 무속신앙과 같은 취급을 받기 시작한 것이다.

사주명리는 어떤 신앙 종교와도 전혀 관련 없는 과학적인 논리의 철학, 인문학이다.

가끔은 역술인이란 표현이 거슬릴 때도 있다. 사주명리학자란 표현이 가장 적합한 표현이다.

사주의 근원은 천문이고, 천문은 자연의 법칙을 따른다.

즉 사주는 일기예보 같은 것이다. 천문을 보면 내일 날씨를 알 수 있듯이 사주도 현재와 미래의 나와 내 운명에 대한 정보를 자연의 법칙에 근거하여 과학적인 논리로 정보를 제공해 주는 것이다.

사주는 어려운 학문이다.

1,000명이 시작해도 5명도 마지막을 보지 못한다.

그런데 이것은 사주 공부가 어려운 탓도 있지만 더 문제는 가르쳐 주는 사람과 현재 나와 있는 학습방식 이론서 등의 문제도 매우 크다는 것이다.

잘못된 이론과 그것을 그대로 전달하는 학습방식이 우선 변해야 한다.

예를 들면 사주에서 재성(財星)은 재물인데 재성이 없으면 돈이 없어 가난하다.

이런 식의 재성 해석이 아직도 대부분이다.

재성이 없으면 인성이 재성 역할을 할 수도 있다.

또한 길흉(吉凶)의 시기와 시점에도 선후 시기가 없고 시점은 더더욱 없다.

사주에서 십성(十星)은 상호 대비와 보완기능을 모두 가지고 있다.

음양(陰陽)이 서로 뒤바뀌는 것과 비슷한 현상으로 재성이 관성 역할을 하기도 하고, 인성이 관성 역할을 대신하기도 한다. 따라서 재성이 없으면 식상이 재물이 되기도 하고 인성이 재물이 될 수도 있다.

사주명리가 학문으로서 가치를 얻기 위해선 무엇보다도 맞지 않는 고전 이론들을 정리하는 것이 시급하고 이것을 그대로 적용하는 현재 사주 학습방식도 바뀌어야 한다.

사주는 인문과학이고 음양오행이란 공통분모를 제외한 새로운 논리는 현실에 맞게 얼마든지 재구성할 수 있다.

지금의 사주는 300년 전 적천수의 인문과학에서 멈춰있다.

300년 전 과학과 지금의 과학논리는 비교할 수 없을 만큼 발전하였다.

자연과학만큼은 아니더라도 인문과학인 사주도 조금은 발전하길 바라는 마음이다.

5. 직업의 선택

직업과 십성(十星)의 관계

인생에서 직업 선택은 배우자 선택만큼이나 중요하다.

어떤 직업을 선택하기 앞서 가장 먼저 고려해야 할 것은 내 사주가 어떤 직업과 적합한지이다. 자신과 맞는 직업을 선택하면 이미 그 분야에서 성공할 가능성은 절반 이상 높아진다.

그렇다면 사주에서 어떤 십성이 직업과 밀접한 관련이 있는지 순차적으로 살펴보자.

우선 관성(官星)의 유무와 위치이다.

관성은 직장을 의미하는 십성으로 관성이 있다는 것은 조직생활에 잘 적응할 수 있는 품성이 기본적으로 갖춰져 있다는 것을 의미한다.

반대로 무관사주나 관고사주는 직장 생활이 어렵고, 관살혼잡사주는 직업이 100개가 되기 쉽다.

또한 관성의 위치는 지지보다는 천간에 있는 것이 좋다.

두 번째 고려해야 할 십성은 식상(食傷)이다.

식상은 일을 의미하는 십성으로 식상이 있다는 것은 직업을 유지하고 직업을 통해 성취감을 얻을 수 있는 기본 성향을 지니고 있다는 것이다.

반대로 사주가 무식상이거나 식상과다 사주인 경우, 게으르고 직업의 변동이 잦아 직업의 안정성이 부족하다. 무식상사주는 어릴 때부터 자신을 드러내는 습관을 들이고 계획대로 실행하는 연습을 꾸준히 해야 한다.

식상의 위치는 크게 중요하지 않으나 천간지지 상관없이 재성 옆에 있는 것이 가장 이상적이다.

세 번째 고려해야 할 십성은 재성(財星)이다.

재성은 결과를 의미하는 십성으로 결과를 얻기 위해서는 계산 예측하며 식상과 관성을 이용하여 목적달성을 실현하는 구조이다.

따라서 재성의 여부는 내가 스스로 결과를 가져올 수 있는 능력이 있는지 없는지가 가장 중요하다. 스스로 결과를 가져오기 위해서는 내가 힘이 있어야 하고, 내 의지대로 일이 진행되는 사주구조를 가져야 한다. 즉 사주팔자가 4길신(정인, 식신, 재성, 정관) 위주로 신강한 구조가 되어야 목적을 이룰 수 있다.

또한 재성의 위치는 여성과 남성이 다른데 여성은 지지에 있는 것이 좋고 남성은 천간에 있는 것이 좋다.

네 번째 고려해야 할 십성은 일주(日柱)와 신강, 신약 여부이다.

일주가 특히 양(陽)의 간여지동(干與支同) 사주라면 남의 밑에서는 일을 하지 못하고 내가 주체가 되는 일에 종사하기 쉽다. (단 임자(壬子)일간은 제외) 음(陰)의 간여지동 사주도 비슷하지만, 양(陽)의 간여지동(干與支同) 사주에 비해 부드러운 카리스마가 있고, 이인자로도 만족할 수 있는 여지가 있다. 또 신강, 신약도 매우 중요한데 간여지동 일주면서 신강 신왕하다면 사업 장사가 적합하고, 신약하다면 사업 장사가 잘 맞지만, 직장 생활도 가능하다.

이 4가지 십성과 격(格)을 보면 자신과 적합한 직업 직종이 명확히 나온다.

직업 선택 기준

사주에서 직업을 보는 방법은 **여러 가지**를 종합하여 통찰해야 하는 어려운 판단이다.

사람에게 직업의 의미는 경제적 수단과 함께 자존감을 형성시키는 가장 중요한 요소이다.

특히 남자에게 더 중요한 것이 직업이다.

"그 사람 뭐 하는 사람이니?": 남자에 대한 질문
"그 사람 이뻐?": 여자에 대한 질문

왜 남자에게 직업이 더 중요한 요소가 되었는지 더 설명하지 않아도 알 것이다.

사주에서 직업의 정보는 어떻게 구해야 하며 최종 선택은 어떻게 해야 하는 것일까?

첫 번째, 격(格)이다.

월지(月支)에서 통근과의 관계를 살펴야 한다. 월지의 십성은 사회가 나에게 요구하는 모습이다.

두 번째, 일지(日支)이다.

이것은 내가 어떤 재능과 취향이 있는지, 필터링 되지 않은 나의 모습 자체이다.

세 번째, 일간(日干)이 신강한지 신약한지를 살핀다.

일간의 신강 신약을 구분하여 내가 이끌고 갈 수 있는 힘이 있는지, 남을 따라가야 하는지를 판단해야 한다.

네 번째, 지지(地支)의 형태를 살펴야 한다.

합충형파를 살피고, 업상대체, 활인 등을 고려해야 한다.

이외에도 운(運)과 시기 등 여러 요소들이 상존하고 있다.
사실 사주는 그래서 어릴 때 보는 것이 유리하다.
그래야 진로를 결정해 줄 수 있기 때문이다.
자신이 뭘 잘할 수 있고 어떤 부분이 약한지 잘 알 것 같지만 실제로는 잘 모르는 경우가 대부분이다.

⊙ 직업을 판단하는 방법(참고적으로만 적용)

아래 글만 보고 정하면 오류가 발생하기 쉽다.

"약은 약사에게 사주 감정은 상담가에게."

용신(用神)과 직업은 밀접한 관련이 있지만, 용신만으로 단식 판단을 하면 이치에 맞지 않는 답이 나온다.

예를 들어 토(土)가 용신인 사람이나 토(土)가 많으면 부동산업이 잘 맞고, 금(金)이 많거나 금(金)이 용신인 사람은 귀금속 장사가 맞으며, 수(水)가 많거나 수(水)가 용신은 사람은 물장사가 맞는다는 식은 물론 아주 틀린 얘기는 아니지만 이렇게 판단하면 **30점짜리** 답안지가 되는 것이다.

우선 위 4가지 내용을 전부 숙지하고 용신과 격(格)을 파악한 후 사주에서 용신이 어떤 작용을 하는지 살펴 사주 전체를 보고 정해야 한다.

⊙ 직업 판단하는 방법

1) 일주(日柱)의 동태를 살핀다(신약신강, 일지 십성).
2) 격(格)을 찾는다.
3) 용신(用神)을 찾는다.
4) 용신(用神)과 격(格)의 관계를 본다.
5) 사주 전체와 용신(用神)의 관계를 본다.
6) 운(運)에 대입해 본다.
7) 지지의 동태(합충형파)를 살핀다.

제6장

사주,
통변을 디자인하다

몸에 좋은 약(藥)은 쓰다는 말이 있다.

늘 하는 말이지만 운(運)이 나쁜 전조 증상은 다른 사람의 충고를 받아들이지 않고 자신의 고집과 아집대로 생각하고 행동할 때이다.

아무리 좋은 충고도 듣는 사람이 받아들이지 않으면 아무 소용이 없다.

가끔 상담손님 중에는 교과서에 나올 만한 강한 사주가 있다.

강한 것은 강한 대로 조심하고 대비하면 되지만 문제는 자신이 원하는 대답이 아닌 경우, 실망하고 원망하는 일이 발생한다는 것이다.

그것은 상담 의뢰자 본인에게도 전혀 도움이 되지 않는다.

자신의 불행은 자신이 만드는 것이다.

그 시작은 성격이다.

자신의 고집과 아집이 강하여 배타적이라면 그것을 고치도록 노력해야 한다.

운명이 힘들어지는 것도 잘못된 습관 하나가 원인이 될 수 있기 때문이다. 사주를 보면 당사자의 기본 성향과 성품이 보인다.

사주상담가 중에는 사주가 강해 한 성격 할 것 같으면 솔직하게 단점을 얘기해주지 않고 좋은 말만 해주는 경우가 많다.

그러나 그것은 좋은 방법이 아니다.

설령 당사자가 화가 날지라도 솔직하게 말해주어야 언젠가는 스스로 깨닫고 고칠 수 있기 때문이다.

필자의 경우 더욱 냉정하게 얘기해 준다.

강한 사주일수록 더욱 정확히 얘기해 준다.

받아들이고 안 받아들이는 것은 본인의 몫이다.

공자님은 말을 꾸미는 자는 인(仁)이 적다고 하셨다. 최상의 사주 감정은 솔직하게 사주에 나타난 정보 그대로 말해 주는 것이다.

암 환자에게 감기 환자라고 거짓말하는 것은 살인행위가 될지도 모르기 때문이다.

가끔은 사주가 균형되고 평범해서 별로 해줄 얘기가 없을 때도 있다.

그런데 이 경우 사주상담 실력이 없는 것으로 오해하기도 하는데 사주 감정에서 해줄 말이 없다는 것은 좋은 의미로 받아들여야 한다.

해줄 말이 많다는 것은 그만큼 어려움이 예견되어 있다는 의미이다.

사주도 유전된다.

부모의 사주와 비슷한 흐름으로 가는 경우가 대단히 많다.

특히 사주에 인성(印星)이 있는 경우 반드시 부모의 특성, 기질 등을 물려받게 되어있다.

유전적으로 상속받는 것인데 나쁜 기질이든 좋은 기질이든 다 같이 받는다.

월지 일지에 인성이 있어도 그런 경향이 강하게 나타난다.

사주의 꽃인 통변 법은 인성과 식상이 담당한다.

그래서 사주통변을 잘하는 사람들의 사주를 보면 인성과 식상이 잘 발달해 있다.

인성은 저장 장치, 식상은 출력 장치이다.

인성에 차곡차곡 저장해 두었던 지식과 경험들을 식상을 통해 발현하는 것이다.

달변에 있어 최고의 조합은 정인과 상관의 조합이다.

선천적으로 훌륭한 최고의 상담가 자질을 타고났다고 보면 된다.

정인은 순차적으로 쌓은 튼튼한 지식이고 상관은 본능적인 발산의 기운인데 정인+상관이 상관패인이 되어 최고의 성과를 만들어내는 것이다.

이런 조합의 경우, 말하는 직업에서 큰 성공을 거둘 수 있다.

선생, 교수, 아나운서, 노조위원장, 정치인, 영업직, 상담사 등이다.

1. 통변 잘하는 법 ①

사주를 보는 순간, 마치 어둠 속에 홀로 서 있는 느낌, 특히 손님을 앞에 두고 말문이 막히는 경우, 공포감이 밀려들 수밖에 없다.

간혹 시중에서 통변비법이라고 큰 돈을 받고 가르쳐 주기도 하는데 필자는 그들보다 훨씬, 비교도 안 되는 비법을 네이버 블로그와 카페('최제현 과학사주 블로그', '최제현의 사주이야기 카페')에서 무상으로 제공해 주고 있다. 사실 비법이기보다는 테크닉적인 면이 강하다.

물론 이 비법도 잘 활용하기 위해서는 사주의 기본을 명확히 이해한 다음 가능하다는 점은 꼭 기억해야 한다.

필자를 찾아오는 손님 중 직접 방문 손님의 대부분은 눈물을 흘린다.

그것은 그분들의 깊은 곳에 감춰져 있던 것들을 밖으로 드러내게 했기 때문이다.

즉 음(陰)이 양(陽)으로 전환되는 것이다. 음양(陰陽)의 전환은 치유의 시작이 될 수 있다.

상담가는 상담을 통해 상담의뢰자의 내면에 쌓아둔 상처를 밖으로 드러나게 하는 것이 1차적 목표이고 그 상처를 사주에 맞게 처방하여 치유하는 것이 2차적 목표이다.

인성과 관성이 많은데 식상이 없는 사람에게는 질문을 통해 말을 많이 하게 하고 그것을 들어주는 것만으로도 치유된다.

반대로 식상이 많고 인성과 관성이 없는 사람들에게는 그가 하는 말에 공감만 표시해 줘도 어느 정도 치유 효과가 생긴다.

사주 상담도 우선 듣는 것부터 시작해야 한다는 의미이다.

사주에는 족집게가 없다. 족집게란 의미는 논리 없이 문제를 풀 듯 잘 맞춘다는 것인데 잘 맞추는 것이 사주 감정의 목적이 아니란 것이다.

사주의 목적은 사주에 나타난 기본정보를 통합 해석하고 그에 맞는 처방을 통해 삶을 업그레이드하는 것이다.

따라서 사주 감정의 포인트는 **공감과 정확성 그리고 자신감이다.**

그렇게 감동을 느꼈던 분들은 반드시 다시 찾아온다.

이것이 사주 감정의 최고의 비법이다.

공감, 정확성, 자신감은 모두 실력에서 나온다.

사주 실력은 하루아침에 만들어지지 않는다.

사주의 기본은 천간지지의 글자 하나하나부터 철저하게 파고들고 생각하는 데에서 축적된다.

용신 격국 공부보다 천간지지 공부가 실제 사주 통변 때는 훨씬 더 큰 위력을 발휘한다는 점을 잊지 말아야 한다.

요즘 사주를 배우고자 하는 분들이 많이 늘어났다.

모든 학문이 그렇지만 사주 공부도 기초가 가장 중요하다.

통변을 잘하기 위해서는 신약, 신강, 용신, 격국(格局)만 가지고는 해석이 안 된다.

차라리 일주(日柱) 60개를 외우고 이해하는 것이 통변에 훨씬 도움이 된다.

물론 신약 신강 용신 격국도 중요하고 알아야 하지만 그것은 통변에는 별 도움이 되지 않는다는 것이다.

사주는 보는 순간 10초 이내 그 사주의 내용과 특징을 파악할 수 있어야 한다.

그 연습만 수백 번을 해야 조금씩 사주가 보이기 시작한다.

이제부터 통변을 잘하는 법을 설명하겠다.
학원도 기존 책에도 없는 방법이니 잘 따라하면 큰 도움이 될 것이다.

⊙ 통변비법 1

일주(日柱)를 보는 순간 이 일간에는 어떤 오행이 필요한지 떠올라야 하고 그 사주 내에 해당오행이 있는지 살펴야 한다.

이 습관은 무한 반복하여 10개의 천간에 따른 절대필요오행을 머릿속에 저장해 두어야 한다.

절대필요오행은 용신의 개념과는 조금 다르다.
용신이 수단이라면 절대필요오행은 목적이 될 수 있다.
예를 들어 설명해 보겠다.

예1) 갑진(甲辰)일주를 보면

천간의 화(火), 지지 수(水)가 있는지 보라.
나무는 태양과 물이 있어야 건강하게 자란다. **화수(火水)가** 있다면 기본이 된 사주이다.

즉 갑목(甲木)을 본 순간 바로 연상되어 떠올려야 하는 절대 필요오행은 천간의 병화(丙火), 지지(地支)의 자수(子水)이다.

그런데 만일 갑목(甲木)일간에 병화(丙火)와 자수(子水)가 없다면 다음으로 정화(丁火)와 해수(亥水)라도 있는지 본능적으로 보는 습관을 들여야 한다.

예2) 갑자(甲子)일주를 보면

이미 자수(子水)를 깔고 있으니 천간에 병정화(丙丁火)가 있는지 보면 된다.

갑목(甲木)일간에 병화(丙火)는 절대필요오행이다.

만일 사주원국에는 병정화(丙丁火)가 없는데 대운에서라도 들어와 있으면 그동안은 자신의 목적이 실현된다고 해석한다.

물론 사주원국에도 있고 운(運)에서도 들어오면 더욱 뚜렷하게 자신이 원하는 목표와 가치가 실현된다고 판단하면 된다.

나무는 꽃을 피우고 열매를 맺음으로서 가치가 있게 된다.

꽃과 열매는 또 다른 화수(火水)의 모습이다.

예3) 신사(辛巳)일주를 보면

신(辛)일간을 보면 화수(火水)가 떠올라야 한다.

신사(辛巳)의 경우 화(火)는 이미 있으니까 천간의 임계(壬癸)가 있는지만 살피면 된다.

보석은 물로 씻어야 빛이 나기 때문이다.

이해하기 쉽게 물상론적으로 설명한 것이다.

일주(日柱)만 봐도 필요한 오행과 불필요한 오행이 쉽게 구분될 수 있다.

⊙ 이상적인 사주 구조

※갑목(甲木)일간의 경우

일주	월주
甲	丙
子	辰

갑자(甲子)일간에 천간으로 병화(丙火)가 있고 지지(地支)에는 수(水)와 토(土)까지 있어 완벽하다.

병화(丙火)는 드러내는 양(陽)의 기운이므로 천간에 병화(丙火)가 있다면 목적실현이 달성될 수 있음을 의미한다.

목생화(木生火)의 의미는 결국 목(木)의 목적은 화(火)로 발현되어야 가치가 있다는 것이다.

갑목(甲木)은 사목(死木)과 생목(生木)을 나눌 수 있는데 사목(死木)은 장작이나 땔감의 용도이고 생목(生木)은 생산성이 있는 나무로 열매, 꽃을 피우는 것에 해당된다.

사목(死木)과 생목(生木)의 구분 기준은 월(月)이다. 신유술(申酉戌) 해자축(亥子丑)은 사목(死木)이나 그중 신(申)월은 상황에 따라 사목(死木)과 생목(生木)으로 함께 쓰일 수 있다.

생목(生木)은 생산성이 있는 인묘진(寅卯辰) 사오미(巳午未)월의 갑목(甲木)이다.

사목(死木)은 정신적인 세계를 추구하는 직업이 적합하고 생목(生木)은 일반적인 업무를 직업으로 갖는 경향이 있다.

사목(死木)의 대표직업은 선생, 교수, 학자이고 생목(生木)의 대표직업은 직장인, 공무원, 회사원이다.

⊙ 이상적인 사주 구조

일주	월주
乙	丙
未	子

을미(乙未)일주에 천간으로 병화(丙火)가 있고 지지(地支)에는 수(水)와 토(土)까지 있어 완벽하다.

목생화(木生火)의 의미는 갑(甲)일간과 같지만 조금 다른 상황이 있다. 월지가 자수(子水)인 것이다.

즉 겨울 초목은 자수(子水)가 큰 역할을 하지 못한다.

즉 절대필요오행이 되지 못한다는 의미인데 미토(未土)가 조토(燥土)여서 제한적인 필요오행이 되는 것이다.

만일 일주(日柱)가 을축(乙丑)이라면 자수(子水)가 오히려 나쁜 작용을 한다는 것이다.

이러한 섬세한 관찰이 있어야만 실제 통변에서 실수하지 않을 수 있다.

을목(乙木)은 해자축(亥子丑)월 빼고는 모두 생목(生木)이라고 할 수 있다.

심지어 해자축(亥子丑)월 때도 정화(丁火)가 튼튼하게 있으면 생목(生木)기능을 하기도 한다.

온실 안에서 인공적인 열성으로도 꽃을 피울 수 있기 때문이다.

또 을목(乙木)은 지주목이 있어야 넝쿨처럼 타고 올라갈 수 있기 때문에 반드시 갑목(甲木), 인목(寅木) 등이 있어야 좋다. 경금(庚金)도 경우에 따라 지주목 역할을 할 수 있다.

인생에서 지주목은 부모, 형제, 친구, 선후배, 스승, 아내 등 누구나 될 수 있다.

힘이 되어 주는 사람이 있으면 을목(乙木)은 크게 승승장구할 수 있는 에너지를 가지고 있다.

그러나 반대로 타고 올라갈 지주목이 없으면 을목(乙木)은 사회적으로 성공하기 매우 힘들다.

⦿ 이상적인 사주 구조

※ 을목(乙木)일간의 경우

일주	월주
乙	壬
未	子

을목(乙木)은 천간의 임수(壬水)를 부담스러워할 수도 있다. 이는 작은 화초가 큰물에 떠내려갈 위험이 있기 때문이다.

그러나 을목(乙木) 옆에 병화(丙火)가 있다면 어느 정도 상쇄 효과가 있다.

을목(乙木)은 계수(癸水)가 적당하며, 병화(丙火) 대신 정화(丁火)가 와도 나쁘지 않다.

⦿ 이상적인 사주 구조

※ 을목(乙木)일간의 경우

일주	월주
乙	丁
酉	亥

해월(亥月)의 정화(丁火)는 조금 약하지만, 을목(乙木)이 살아가기엔 충분하다.

그러나 지주목이 없으면 사회적으로 크게 성공하기 힘들다.

⊙ 이상적인 사주 구조

일주	월주
丙	戊
寅	子

병인(丙寅)일주는 목화통명(木火通明)사주이다.

성정이 맑고 착하나 약속 개념이 약한 특징이 있다.

병화(丙火)일간은 역설적이지만 수(水)가 있어야 그 가치를 사회적으로 인정받는다.

즉 빛은 어둠이 있어야 그 쓰임새가 발현된다는 것이다.

그래서 병화(丙火)는 임계(壬癸) 운(運)에서 발복하는 경우가 많다.

병임극(丙壬剋)은 무토(戊土)가 막아주기 때문에 무시해도 무방하다.

따라서 병화(丙火)일간을 보면 가장 먼저 목수(木水)를 살피고 토(土)의 위치를 확인하면 된다.

병화(丙火)는 그 자체로 가장 완벽한 오행이다.

보편적이고 이상적인 것을 추구하는 경향이 있다.

⊙ 이상적인 사주 구조

일주	월주
丁	戊
卯	子

정묘(丁卯)일주도 병인(丙寅)일주처럼 목화통명(木火通明)사주이다.

그러나 조금 다른 점이 있다.

성정이 맑고 착한 것은 같으나 음(陰)의 성향이 강해 약속은 비교적 잘 지키는 편이나 변덕과 배우자 관계가 안 좋은 특징이 있다.

또 귀가 얇아 남의 말에 잘 속는 부화뇌동 기질이 있고 남의 원망과 탓을 하는 성향도 강하다.

그러나 늘 주변에 도와주는 사람이 있어 인복이 있는 편이며 식상을 잘 쓰면 선생님 교육 육영사업에서 성공할 수 있는 명(命)이다.

정화(丁火)는 은은한 달빛이다.

목(木)이 필요절대오행이 되며 옆에 토수(土水)가 보조적으로 있으면 좋다.

목(木)은 지지(地支)에 있는 것이 좋으나 천간에 있는 것도 나쁘지 않다.

병화(丙火)처럼 반드시 수(水)가 있어야 그 가치를 사회적으로 인정받는 구조가 아니다.

음양(陰陽)의 차이를 개념과 느낌으로 파악하여 인식해야 한다.

정화(丁火)는 인위적인 특수한 열성을 지닌 빛으로 현실적인 세계를 추구한다.

⊙ 이상적인 사주 구조

※ 무토(戊土)일간의 경우

일주	월주
戊	庚
午	寅

※ 무오(戊午)일주는 거대한 산을 상징하며 일지에 인성(印星)이 있을 경우 단순하게 학자 선생보다는 학원 학교 설립자 및 교육사업으로 크게 성공할 수 있는 명(命)이다.

물론 재성과 식상이 잘 뒷받침해준다는 조건이 붙는다.

무(戊)일간을 가진 사람은 현실감각이 매우 뛰어나다.

통이 큰 것은 기본이고 현실성 있는 계획과 실행으로 인해 사업적으로 성공할 가능성이 가장 높은 일간이다.

지도력이 있어 사람들도 잘 따르는 편이다.

물상적으로 무(戊)일간의 절대 필요오행은 없으며 보조필요 오행은 금(金) 또는 목(木)이 된다.

이는 무토(戊土) 자체가 너무 강한 기운이어서 제어장치인 목(木)이 필요하고 결과를 도출할 수 있는 금(金)이 있어야 하기 때문이다.

무토(戊土)는 현실성이 강하기 때문에 결과가 나오지 못하는 것을 가장 두려워한다.

무토(戊土)의 최종 목표는 **금(金)**이나 절대적이지는 않다.

무토(戊土)는 생산성이 없는 민둥산이다.

※ 기토(己土)일간의 경우

일주	월주
己	辛
巳	卯

기사(己巳)일주는 전답 옥토를 나타내며 일지에 인성(印星)이 있을 경우 선생님을 떠올리면 된다.

사업 장사하고는 관계없는 명(命)이다.

물론 재성과 식상이 잘 뒷받침해준다면 조그만 학원운영은 가능하지만, 기본적으로 사업적 마인드는 없다.

기(己)일간을 가진 사람은 현실감각이 매우 뛰어나지만, 통이 작고 확장성이 없기 때문에 현재에 만족하고 보수적 성향을 보인다. 자칫 인색해 보일 수 있는데 인내력과 지구력은 매우 좋은 편이다.

물상적으로 기(己)일간의 절대 필요오행은 없고 목금(木金)이 무(戊)만큼은 필요하지도 않다.

음양(陰陽)의 차이로 기인한 것인데 그만큼 안정적이라는 의미이다.

보조필요 오행은 화목(火木)이 된다.

기토(己土)의 최종 목표는 금(金)이지만 절대적이지는 않다.

기토(己土)는 진토(辰土)와 함께 생산성이 있는 토양이다.

⦿ 이상적인 사주 구조

※ 경금(庚金)일간의 경우

일주	월주
庚	壬
午	辰

경오(庚午)일주는 관성(官星)이 일지에 있어 자기 통제가 잘되고 반듯한 사람이다. 사업이나 장사는 잘 맞지 않는 사주구조이다.

일단 일지 월지에 관인(官印)이 되어 있다면 그 사람은 공직, 선생, 월급쟁이를 떠올려야 한다. 물상적으로 보면 경금(庚金)일간은 화수(火水)가 절대 필요오행이 된다.

거기에 토(土)까지 있으면 매우 좋다.

금(金)일간은 음양(陰陽)에 관계없이 무조건 화수(火水)가 필요하다.

이는 금(金)의 특성상 제련을 통해서만 쓸모 있는 것으로 변하기 때문이다.

그다음 수(水)로 세척을 통해 사회적으로 인정받게 된다.

경금(庚金)일간의 경우 사주원국에 화(火)가 없고 대운에서도 화(火)가 없다면 사업은 안 하는 것이 상책이다. 목표 현실 달성이 매우 어렵다.

◉ 이상적인 사주 구조

※ 신금(辛金)일간의 경우

일주	월주
辛	壬
巳	辰

신사(辛巳)일주는 관성(官星)이 일지에 있어 자기 통제가 잘되고 반듯한 사람이다.

사업이나 장사는 잘 맞지 않는 사주 구조이고 공직, 선생, 월급쟁이를 떠올려야 한다.

그러나 경금(庚金)일주에 비해 섬세하고 여성적이어서 연예인이나 예술 계통에서도 능력을 발휘할 수 있다.

유명배우 중 신사(辛巳)일주가 많은 이유도 그 때문이다.

미남미녀 대표 일주라고 해도 무방할 정도로 신사(辛巳)일주는 아름답고 잘생겼다.

신(辛)일간 자체가 미(美)적 재능이 탁월한 것이다.

단 신경이 예민하고 까칠한 기운이 있는 것이 단점인데 팜므파탈의 모습 과는 잘 맞는다.

물상적으로 보면 신(辛)일간은 화수(火水)가 절대 필요오행이 된다.

거기에 토(土)까지 있으면 목적실현이 된 상태에서 지속성이 유지된다.

금(金)일간은 음양(陰陽)에 관계없이 무조건 화수(火水)가 필요하며 이는 경금(庚金)일간과 비슷하다. **다만 신(辛)은 만들어진 금(金)으로 경금(庚金) 보다는 화(火)의 강도가 약한 것이 좋다.**

신금(辛金)은 예술, 예능, 직장인, 공직 등이 어울리고 사업, 장사는 어울 리지 않는다.

⊙ 이상적인 사주 구조

※ 임수(壬水)일간의 경우

일주	월주
壬	庚
寅	午

임인(壬寅)일주는 모성애가 강하고 성품이 온화하다.

여기에 중요한 포인트가 있다.

일지에 식상(食傷)이 있다는 것은 관성(官星)을 공격하기 때문에 여성의 경우 배우자 관계가 안 좋다는 것을 떠올려야 한다.

사주에서 모성애와 부부관계는 대비되는 관계인 것이다.

득자부별(得子夫別)이라고도 하는데 자식을 얻으면 남편과는 멀어진다는 의미가 담겨있다.

또한 임수(壬水)는 생각의 영역이다.

남녀 모두 품격이 있고 지혜롭지만 잘못하면 속을 알 수 없는 음흉한 사람이 될 수도 있다.

직업적으로는 임수(壬水)일간은 **사장(주인)은** 피하는 것이 좋고 CEO나 중간 관리자, 참모 등에서 큰 영향을 발휘할 수 있다.

즉 2인자가 되어야 좋은 일간이다.

내가 이끌어 가야 하는 주체적인 일간이 갑(甲), 병(丙), 무(戊), 경(庚)이라면 나머지 일간인 을(乙), 정(丁), 기(己), 신(辛), 임(壬), 계(癸)는 2인자인 객체가 되어야 좋다.

즉 임수(壬水)를 제외한 양간(陽干)은 주체 음간(陰干)은 객체가 더 어울린다는 의미이다.

임수(壬水)의 절대필요오행은 목(木)이며 보조필요오행은 금화(金火)가 된다.

임수(壬水)일간에 병화(丙火)가 들어오면 임병극(壬丙剋)으로 대부분 나쁠 거라고 짐작하는 경우가 많은데 다 나쁜 것이 아닌 길흉(吉凶)을 분리해서 봐야 한다.

건강상으로 안 좋을 수 있지만 사업적 정치적으로는 매우 좋을 수 있다.

빛은 어둠이 있어야 그 가치를 인정받는 형태랑 비슷하다.

임수(壬水) 일간의 목적은 목(木)이다.

수(水)의 응축된 데이터는 목(木)에 의해 열매나 꽃으로 발현된다.

이때 가장 필요한 것이 화(火)이다. 화(火)가 없이는 수생목(水生木)이 이루어지지 않는다. 화(火) 없는 수(水)는 고체인 얼음 덩어리를 연상하면 쉽게 이해될 것이다.

⊙ 이상적인 사주 구조

※ 계수(癸水)일간의 경우

일주	월주
癸	庚
巳	寅

계사(癸巳)일주는 재물복과 밝은 성격의 대표 명(命)이다.

사주 감정 시 가장 만나기 어려운 명(命)이다.

이는 그만큼 고민도 없고 아쉬울 것이 없다는 반증이다.

계사(癸巳)일주는 식상운(食傷運) 때 재물이 들어오는 구조가 대부분인데, 임인(壬寅)일주에 비해 배우자 관계도 좋은 편이다. 이 또한 음양(陰陽)의 차이로 인해 계(癸)일간은 임(壬)일간처럼 자기주장이나 고집이 강하지 않다.

따라서 여성의 경우 임(壬)일간과 다르게 이혼율도 낮고 배우자 관계도 좋은 편이다.

다만 남성의 경우는 다소 여성스러워서 인성(印星)이 강할 경우 의존적 성향이 강해져 마마보이가 될 수도 있다.

계(癸)일간의 절대 오행은 화목(火木)이다.
따라서 계(癸)일간을 보면 화목(火木)의 위치를 확인해야 하는데 천간(天干)보다는 지지(地支)에 있는 것이 좋다.

계(癸)일간은 **수(水) 오행 중 가장 현실성이 높다.**

◉ 십간(十干)을 가지고 통변하는 법을 나열하였다

지금 나열된 십간(十干)통변 법은 실전 감정에서 매우 유용하며 어떤 통변 공부보다도 효과적이다.
중요한 것은 계속 반복하여 습관처럼 몸에 익혀야 한다는 것이다.
일간을 보는 순간, 위 통변법이 떠올라야 한다는 의미이다.
통변은 사주 감정의 마지막 단계로 매우 중요하다.
아는 것을 밖으로 꺼내 쓸 수 있어야 진정한 사주 공부의 목적이 달성되었다고 볼 수 있기 때문이다.
만일 이 통변법을 가지고도 통변이 어렵다면 다시 기초로 돌아가야 한다.
천간지지(天干地支)부터 다시 공부해야 한다.

2. 통변 잘하는 법 ②

사주 감정의 기본은 일주(日柱)이다.

일주(日柱)란 내가 태어난 날이다.

내가 태어난 날이 가장 중요한 것은 자평 명리학이 시작되었을 때부터였다.

그 전까지는 당(唐)사주라고 하여 태어난 해를 중심으로 사주를 해석하였다.

그러나 실제 사건 사고와 사주해석이 맞지 않았고 그것을 보충하려다 보니까 엄청나지만, 근거 없는 신살(神殺)들이 만들어진 것이다.

즉 잘 맞지 않는 운명해석을 신살(神殺)로 끼워 맞추기를 시도했던 것이다.

대부분의 신살이 맞지 않는 이유가 바로 이 때문이다.

(이 때문에 훗날 유백온의 『적천수』는 신살(神殺) 무용론을 주장하였다)

그렇다가 서자평이 태어난 날, 일간을 중심으로 사주를 해석하고 난 후 진정한 의미의 사주명리가 시작된 것이다.

그렇다면 왜 태어난 날이 중심이 된 것일까?

우리가 생일을 중요하게 생각하는 것과 같은 의미이다.

내가 태어난 날이 중요한 것은 천문학과 관련이 깊다.

지구가 태양을 중심으로 한 바퀴 자전하는 시간이 하루, 즉 내가 태어난 날이다.

하루는 우주의 기운이 음양(陰陽)을 통과하여 원점으로 돌아온다는 의미가 있다.

내가 태어난 하루가 내 인생의 중심이 되어 운명을 디자인하게 되는 것이 바로 사주이다.

⊙ 통변비법 2

일간(日干)과 일지(日支)의 관계를 살펴야 하는데 순서는 아래와 같다.

간여지동(干如支同)인지 본다

간여지동(干如支同)이란 같은 오행으로 음양(陰陽)이 같은 경우를 의미한다. 기존 이론은 양간(陽干)만 간여지동으로 인정하지만, 필자의 임상 결과 음간(陰干)도 경우에 따라 간여지동이 성립된다.

엄밀히 보면 간여지동의 대표 특성이 배우자 배타성, 고집, 주체성인데 이러한 성향은 양간(陽干)과 음간(陰干) 모두에서 나타나며 따라서 같은 오행이면 모두 간여지동을 의심해봐야 한다.

만일 일주가 간여지동(干如支同)이라면 이 사람은 육친상으로는 배우자 관계가 나쁠 가능성이 크고, 고집과 주체성이 강해 일반 직장인이나 공무원보다는 사업 장사를 할 개연성이 높아진다.

오행을 보고 십성(十星)을 살핀다

가. 정재, 정관, 정인, 식신이 있는지

나. 편재, 편관, 편인, 상관이 있는지 살핀다.

각 오행들과 십성들 간의 생극(生剋) 관계를 살피고 특징을 찾아낸다.

합충형살(合沖刑殺)을 살핀다

합(合), 충(沖), 형(刑), 살(殺) 중 삼합(三合), 방합(方合), 반합(半合), 육합(六合) 순

역마(驛馬)충, 도화(桃火)충, 화개(華蓋)충 순

삼형살(三刑殺), 이형살(二刑殺), 자형(自刑) 순

천라지망, 귀문관살, 상관견관 순

모든 합충형살(合沖刑殺) 감정이 끝나면 중복, 가중되는 합충형살(合沖刑殺)이 또 있는지 살핀다.

지장간(支藏干) 속과 일간을 비교하여 암합(暗合), 암명합(暗明合)이 되는지 본다

암합(暗合), 암명합(暗明合)이 되어있다면 해당 십성이 무엇인지 살피고 육친적, 심리적 관점에서만 적용한다.

일지에 진술축미(辰戌丑未) 4고(庫)가 있을 경우, 지장간(支藏干) 속의 관고(官庫), 재고(財庫), 식상고(食傷庫)를 살핀다

위 다섯 가지 사항을 한눈에 파악할 수 있도록 수없이 연습을 반복해야 한다.

30초 이내에 특성 및 내용을 파악한 후 다음 단계로 넘어가면서 통변이 시작되어야 한다.

보기에는 엄청 복잡해 보이지만 생각보다 쉽다.

요령이 있다면 1번부터 차근차근 순차적으로 살펴보는 습관을 반복적으로 하다 보면 어느 순간 사주 전체가 한눈에 들어오기 시작한다.

처음에는 다소 시간이 걸리지만 순차적으로 연습을 하는 것이 포인트라

고 할 수 있다.

그때 비로소 통변이 자유자재로 되는 것이다.
위 5개 사항은 사주의 변수들이다.
그 변수를 잘못 읽거나 보지 못하면 사주 감정은 완전히 엉뚱한 방향으로 갈 수 있다.
실제 통변에서 이런 실수는 비일비재하다.
연습이 안 된 것이다.

통변에 있어 일주(日柱)는 가장 핵심이다.
궁합에서도 일주만 봐도 50% 이상 파악된다.

위 5가지로 책 한 권을 쓸 만큼 많은 정보와 경우의 수가 존재한다.
일간을 완전히 파악했다면 통변의 절반은 성공한 것이다.

통변비법은 꾸준한 반복이 만들어 낸 최고의 선물이다.
어쩌면 자전거 운전과도 비슷하다.
우리가 자전거를 배울 때 자꾸 넘어지다가 어느 순간 균형을 잡고 달리기 시작할 때가 있다.
바로 그것이 통변을 잘할 수 있는 유일한 방법이다.

3. 통변 잘하는 법 ③

운(運)은 모두 5개로 구성되어 있다.

10년 대운(大運), 1년 세운(歲運), 1개월 월운(月運), 1일 일운(日運), 2시간 시운(時運)이다.

이 5개의 운(運)은 사주원국와 맞물려 돌아가는데 여기에는 중요한 포인트가 있다.

운(運)끼리도 체용(體用)의 변화가 있다는 것이다.

기존 이론에서는 사주원국과 운(運)을 체용으로 구분했지만, 실제 임상결과 운(運)끼리도 체용(體用)변화가 있다는 것을 확인하였다.

즉 대운과 세운이 만나면 대운은 체(體)가 되고 세운은 용(用)이 되는 것이다.

◉ 통변비법 3

일주(日柱)와 운(運)을 대입한다

사주팔자 모두를 운(運)을 대입하는 경우가 종종 있다.

그것도 대운(大運)과 세운(歲運)만 용(用)으로 말이다.

전혀 맞지 않는 운(運)의 대입법이다.

운(運)은 오직 일주에만 대입해야 한다.

가끔 월지(月支)나 시지(時支)에 대입하는 경우가 예외적으로 있긴 하나, 대원칙은 일지(日支)만을 적용해야 한다는 것이다.

예를 들어 돼지띠(亥)에 출생한 사람에게 올해 술(戌)이 들어왔다고 천라지망이 들어왔다고 하면 안 된다는 것이다.

오직 일지에 해(亥)가 있어야만 천라지망이 되는 것이다.

운(運)도 체용(體用)의 변화가 있다

즉 운(運)에도 사주원국처럼 체(體)가 있다는 것이다.

이것은 시기와 시점을 알기 위해 필요한 것이다.

실제 사건 사고는 시점에서 일어나는 경우가 많다.

현재 시중에서 통용되는 운(運) 대입법은 시기만 있다.

예를 들어 대운(大運)에서 일지(日支)에 충극(沖剋)이 되거나 흉살(凶殺)이 들어온다고 10년 내내 사건 사고가 일어나는 게 아니란 의미이다.

사건, 사고가 일어나는 시점을 알기 위해서는 운(運)의 체용(體用) 변화를 읽어내야 하는 것이다.

혼인운도 마찬가지다.

여성의 경우 대운(大運)에서 관성(官星)운이 들어왔다고 10년 내내 결혼하는 것이 아니라 결혼할 시점은 정해져 있는 것이다.

사주에서 운(運)의 영역은 사주원국만큼이나 중요하다.

모든 사건 사고는 운(運)으로 인해 발생하기 때문인데 대부분 운(運)을 용(用)으로만 사용하고 있다.

5가지 운(運)이 모두 용(用)으로만 쓰인다면 사실 감정 자체가 불가능하다.

왜냐하면 길흉(吉凶)과 합충형살(合沖刑殺)이 섞여 들어오기 때문이다.

그리고 사건 사고는 어떤 시점에 발생하기 때문에 운(運)을 용(用)으로만 사용한다면 발생 시점은 찾을 수가 없다.

즉 운(運)도 체(體)가 될 수 있다는 것이다.

예를 들면 대운이 체(體)이면 세운은 용(用)이 되고 세운이 체(體)라면 월운은 용(用)이 되는 것이다.

여자에게 인성대운, 관성세운, 식상월운이 들어왔다고 가장해 보자.

이 여자의 결혼 시기는 언제가 될까?

인성대운을 체(體)로 삼고 관성세운은 용(用)이 되고, 식상월운도 용(用)이 된다.

관성세운과 식상월운이 만나는 시점이 바로 결혼시기가 된다.

그리고 최종적으로 사주원국과 대입하는 것은 관성+식상이 용(用)이 되는 것이다.

운(運)끼리 체용을 만든 것은 사주원국과 운(運)들이 개별적으로 작용할 경우, 너무 복잡해지는 문제가 발생하기 때문이다. 어떤 것을 먼저 적용할 것인지도 불분명하고, 흉(凶)끼리도 우선 적용 문제가 발생하게 된다.

4. 통변 잘하는 법 ④

사주 통변에서 일주(日柱)파악이 끝나면 월지(月支)를 살펴야 한다.
(거의 동시에 이루어져야 한다)

월지(月支)는 사회적 관점이다.

사회가 나에게 요구하고 원하는 모습이다.

즉 직업과 밀접한 관계가 있다.

월지(月支)는 육친적으로는 부모 자리이다.

부모는 20살 전까지 절대적인 영향을 미치고 그 이후에도 배우자와 함께 내 운명 결정의 2대 변수에 포함된다.

월지(月支)를 통해 가장 먼저 파악해야 할 것은 직업과 부모의 역할이다.

일지와 월지가 같은 오행인지 상생(相生)관계인지 상극(相剋)관계인지를 확인하고 통변해야 한다.

일지와 월지가 같거나 상생관계면 한 가지 길로 뚜렷하게 갈 수 있지만, 상극관계일 경우 내가 원하는 것과 사회가 요구하는 것 사이에서 우왕좌왕할 수 있다.

이럴 경우 사주 전체와 운로(運路)를 확인하고 방향을 잡아줘야 한다.

◉ 통변비법 4

월지(月支)의 십성(十星)을 확인해야 한다

월지(月支)에 어떤 십성(十星)이 있는지 확인 후 지장간이 투간(透干)되었는지 천간(天干)을 살핀다(**이때 주의해야 할 점, 고서에는 정팔격(正八格)만 논하지**

만, 실제로는 10격(格)이 다 유효하다).

즉 십성(十星)의 명칭대로 그대로 사용하면 된다.

비견(比肩)격, 겁재(劫財)격도 포함하라는 의미이다.

비견은 일간이기 때문에 격(格)으로 사용하지 못한다는 이론은 무시해도 된다.

사실 격(格)이란 명칭도 중요한 것도 아니다(월지(月支)는 사회성이라고 호칭해도 무방하다).

월지(月支)가 투간(透干)되었다는 것은 월지의 지장간 오행이 천간(天干)에 있다는 의미로 이를 통근(通根)되었다고도 하는데 이것이 의미하는 것은 해당 오행의 기운이 엄청 강해졌다는 것이다.

만일 그 해당 오행이 일간이라면 즉 내가 이끌고 가는 힘이 생겼다는 의미로 사업이나 장사 등 내가 주체가 되어 할 수 있는 직업을 떠올려야 한다.

반대로 관성이 통근되었다면 이 사람은 공직이나 직장인 명(命)이 되는 것이다.

그것이 월지 통근(通根)의 의미이다.

그 강해진 기운을 바로 '직업'으로 연결하면 된다.

월지(月支)와 일지(日支)의 관계를 본다

월지(月支)는 사회성, 일지(日支)는 개인성향이다.

이 두 개가 같거나 상생(相生)관계라면(식신생재, 관인상생 등) 그 직업을 선택하면 되지만 다르다면 직업선택에 문제가 발생하고 심하면 직업이 100개가 될 수도 있다.

예를 들어 일지(日支)는 상관(傷官)인데, 월지(月支)는 정관(正官)인 경우, 사회는 내게 조직(공직, 대기업 정형화된 직업)에 몸담기를 원하지만, 자신은 자유분방한 기질로 인하여 통제된 조직에서 일하기엔 부적합하다.

특히 정재(正財)가 있다면 참고 다닐 수도 있지만, 편재(偏財)가 있다면 절대 조직체 생활은 불가능하다.

과거에는 일지(日支)보다 월지(月支)가 우선시되는 사회였다면 현대는 일지(日支)가 더 우선시된다.

개인의 성향이 더 존중받고 중요한 시대가 되었기 때문이다.

그래서 만일 일지(日支)와 월지(月支)가 상극(相剋)관계라면 이 아이는 자신의 적성에 맞는 자격증을 취득하여 한 우물을 팔 수 있게 부모가 도와줘야 한다.

안 그러면 직업이 평생 불안정하고 경제적으로 궁핍하게 살 수밖에 없다.

이런 점에서 사주는 어릴 적에 봐야 하는 것이다.

일지(日支)와 월지(月支) 파악이 끝났다면 사주의 80%를 파악한 것과 같다.

이때부터는 디테일하게 오행을 살피면서 그 오행의 위치를 파악해야 한다.

5. 통변 잘하는 법 ⑤

사주 감정 통변에서 남녀의 특성에 따른 배우자 선택은 매우 중요한 위치를 차지하고 있다.

사주 통변에서 가장 중요한 우선순위는

1. 배우자 선택

2. 자신의 직업, 진로

3. 자식의 진로, 결혼

4. 건강

이 네 가지가 90%이다.

우선 남자의 경우, 여성을 선택할 때 가장 먼저 봐야 할 것은 궁합이 아니라 재성(財星)의 위치이다.

남자에게 재성(財星)은 여자, 재물, 아버지를 의미한다.

반대로 여성의 경우, 남성을 선택할 때 가장 중요시해야 할 것은 관성(官星)과 재성(財星)이다.

즉 재관(財官)이 튼튼해야 가장으로서 역할을 할 수 있기 때문이다.

인생에서 배우자 선택만큼 중요한 일은 없다.

대부분 조건보다는 자신의 안목에 따라 배우자를 선택하는데 후회할 가능성이 50% 이상이다.

개인의 안목이란 자신의 무의식과 경험이 만들어 낸 편협된 정보가 대부분이어서 선택의 오류를 범하기 쉽다.

천간에서 정관이 인성을 바라보고 있다면 몰라도 여성의 경우 관살혼잡 사주, 무관사주, 관성이 지지에 있는 경우는 배우자 선택에 대한 안목이 없다고 판단해도 무방하다.

⊙ 통변비법 5

배우자 여성을 선택할 시 여성의 재성(財星)이 어디에 위치해 있는가는 결혼 생활에 결정적 영향을 미친다.

정재(正財)가 천간에 있는 경우

의리는 있지만 무뚝뚝한 곰 같은 아내, 남편에 대한 존경심이 없다.

편재(偏財)가 천간에 있는 경우

의리는 없지만, 눈치 빠른 여우 같은 아내, 남편에 대한 존경심이 없다.

정재(正財)가 지지에 있는 경우

의리는 있지만, 눈치가 없는 아내로 남편에 대한 존경심이 있다.

편재(偏財)가 지지에 있는 경우

의리는 없지만, 눈치가 있는 아내로 남편에 대한 존경심이 있다.

여성의 사주에 재성(財星)은 지지(地支)에 있는 것이 좋다.
왜냐하면 남편은 아내에게 존경받는 것을 선호하기 때문이다.
남성중심사회가 만들어 낸 폐해라기보다는 음양(陰陽)의 기질로 봐야 더 타당할 것이다.

이것은 남녀평등과는 다른 남녀가 다른 데 기인한다.

남편은 존경받고, 아내는 사랑받는 구조
아내에게 존경은 사랑도 포함하고 있다.

그러나 남자 사주에서 재성(財星)의 위치는 여자와 반대된다.

재성의 유무는 혼인 생활에서 매우 중요한 요소이다.
결혼은 상대에게 맞춰주는 행위, 즉 책임과 의무가 있기 때문이다.
재성이 없으면 상대에게 맞춰주는 행위가 잘되지 않는다.

위 내용은 사주 전체를 보고 판단해야 정확하며 단식 판단만 가지고 그러한 성향이 있다는 것이 아니므로 상세히 관찰하여 판단해야 한다.
기본 성향이 그러하다는 의미이다.
절대적 기준은 아님을 밝혀둔다.

6. 통변 잘하는 법 ⑥

'궁합 전 서류심사에서 떨어트려야 하는 사주'가 있다.

배우자를 선택하기 위해 보는 것을 궁합이라고 한다.
물론 궁합도 매우 중요하다.
그러나 궁합이전에 배우자감으로 예선 탈락하는 사주가 있다.

서류전형에서 떨어뜨려야 하는 사주 유형을 알아보겠다.

단 설령 서류전형에서 탈락하는 사주도 업상대체가 되면 기사회생으로 살 수 있음을 미리 알려 둔다.

대부분 궁합이 좋으면 잘살 수 있다고 하지만 반드시 그러한 것은 아니다.

물론 틀린 얘기는 아니지만, 궁합 전에 개인 사주가 더 중요하다는 것을 잊어서는 안 된다.

궁합도 결국 개인 사주를 기반으로 해서 만들어진 것이기 때문이다.

◉ 통변비법 6

여성 배우자 선택 시 피해야 할 사항

- 일지에 관고(官庫)가 되어 있는 사주
- 일지에 충극형(沖剋刑)이 된 사주
- 비겁이 강하고, 간여지동(干如支同) 된 사주
- 천극지충(天剋支沖) 된 사주
- 관살이 혼잡한데 식신이 없는 사주
- 재성이 없거나, 천간에만 있는 사주
- 천지무관(天地無官) 사주

남성 배우자 선택 시 피해야 할 사항

- 일지에 관고(官庫) 재고(財庫) 된 사주
- 일지에 충극형(沖剋刑)이 된 사주
- 비겁이 강하고, 간여지동(干如支同) 된 사주
- 천극지충(天剋支沖) 된 사주

- 관살이 혼잡한데 식신이 없는 사주
- 재성이 없거나, 지지에만 있는 사주
- 천지무관(天地無官) 사주

위 서류심사를 통과했다면 본격적으로 궁합을 봐야 하는데 이 과정을 거치면 궁합은 대체적으로 무난하게 나온다.

7. 통변 잘하는 법 ⑦

사주 상담 시 딱히 해 줄 말이 없는 경우가 있다.
잘 중화된 사주가 그러한데 특징이 없는 경우 실제로 별로 해줄 말이 없다.

사주가 잘 중화되었다는 것은 부자, 권력자, 명예 등을 의미하는 것이 아니라 굴곡이나 풍파 없이 살아간다는 의미이다.

어쩌면 가장 재미없는 인생일 수도 있다.
상관 편재 편관의 입장에서 보면 밋밋하고 재미없는 인생이기 때문이다.
주로 길신으로 이루어진 경우가 많고 정해진 코스대로 사는 경우가 대부분이다.

그런데 실제로 중화(中和)가 잘된 사주는 많지 않은 편이다.
10~20% 정도인데 사주 감정도 잘 받지 않는다.

그래서 만나기도 어려운 사주이다.

그러나 가끔 반전이 있다. 중화된 사주가 중대 선택을 앞두고 있을 때 찾아온다.

이 점을 염두에 두고 간명해야 한다.

⊙ 통변비법 7

특징 없는 사주를 통변하는 방법

· 운(運) 위주로 간명해야 한다.

즉 앞으로 일어날 일들에 대해 말해준다.

지난 일들이 무난하기 때문에 기억에 남는 일이 없기 때문이다.

· 새로운 일이나 모험, 도전하는 것에 대해 질문하고 대답을 이끌어낸다.

만일 식상이나 편재가 발달한 사람이면 말문만 터주면 스스로 끊임없이 얘기할 것이다.

그 얘기를 주로 들어 주면 된다.

그러나 반대로 식신 상관이 없는 사주일 경우는 그 사람의 현재 관심사를 질문을 통해 파악한 뒤 사주의 성분과 비교해서 집중 설명해주면 된다.

중화된 사주가 감정 신청 시에는 반드시 중대 선택이 있다.

실제로 중화된 사주는 할 말이 별로 없다.

그래서 중화된 사주가 감정 상담을 원하는 경우는 특수한 상황일 가능성이 매우 높은 것이다.

예를 들면 이직, 출마 등 중대한 선택의 시점일 가능성이 높다는 것이다.

이것을 찾아내고 파악하는 것이 중요하다.

사주 감정에서 많이 하는 실수 중 가장 치명적인 것이 길흉(吉凶) 운(運)에 대한 정반대의 해석이다.

이것은 암 환자에게 감기약 처방을 해주는 것과 같다.

그런데 이런 실수는 의외로 많이 발생한다.

예를 들어 정관격(正官格)인 사람이 식상(食傷)이 길신(吉神)인데 때마침 상관(傷官)운이 들어왔다고 가정해 보자.

이 경우 운(運)은 어떻게 작용할까?

한 마디로 '꽝'이다.

그런데도 불구하고 용신운(用神運)이 들어왔으니 과감한 투자를 권유했다면 결과는 참담할 것이며 회복 불가 상태에 놓일 것이다. 대부분은 중대한 판단에 앞서 사주 감정을 받는다. 그리고 그 결과를 듣고 중대한 결정을 내린다는 것을 잊지 말아야 한다.

때문에 사주가 균형된 경우라도 면밀히 살펴서 실수가 없도록 주의해야 한다.

아무리 균형된 사주라도 운(運)에 의해 균형이 무너지게 되어 있다.

그것을 찾아내는 것이 포인트라고 할 수 있다.

8. 통변 잘하는 법 ⑧

흉(凶)은 길(吉)을 선행한다.

길흉(吉凶)이 같이 들어왔을 때에는 흉(凶)만 작용한다.

용신, 길신 등 아무리 좋은 운(運)이라도 흉신(凶神)이 먼저 작용한다는 의미이다.

합충형살(合沖刑殺)이 모두 마찬가지이다.

이것을 놓치면 정반대의 감정 결과가 나온다.

직업 상담가들도 가장 많이 하는 치명적인 실수가 바로 사주의 우선순위 적용이다.

사주를 보는 순간 용신이나 길신보다 기신 흉신을 먼저 찾는 것이 훨씬 더 중요하다.

하지만 실상은 전부 용신부터 찾는다.

물론 동시에 보는 경우가 가장 이상적이다.

이때 구분해야 할 것이 절대필요오행과 용신이다.

이 2개는 같을 수도 있지만 다를 수도 있기 때문에 주의해서 봐야 한다.

사주통변은 안 좋은 것을 찾아내는 것이 좋은 것을 찾는 것보다 훨씬 더 중요하다.

이유는 좋은 것은 대비가 필요 없지만 안 좋은 것은 반드시 대비가 필요하기 때문이다.

⊙ 통변비법 8

① 일주(日柱)를 본다.
② 일지(日支)에 어떤 글자가 있는지 살핀다.
③ 들어온 운(運)의 순서대로 대운, 세운, 월운까지 대입한다.
④ 일지에 합(合)이 될 경우, 합(合)한 오행까지 살핀다.
⑤ 모든 흉신(凶神)과 합충형살(合沖刑殺)이 있는지 찾는다.
⑥ 흉신(凶神)이 있다면 사주에 우선 대입하여 해석한다.

9. 통변 잘하는 법 ⑨

'관살(官殺)과 식신(食神)'

사주에서 '건강'은 관살(官殺)과 식신(食神)이 관련되어 있다.
식신은 사주 최고의 길신(吉神)으로 건강과 직결되어 있는데 만일 사주에 관살이 강한데 식신이 없다면 건강에 적신호가 켜졌다고 생각해도 무방하다.

이는 건강뿐 아니라 각종 사건 사고까지 생명과 직결한 상황이 끊임없이 발생된다.
따라서 배우자의 선택으로는 서류전형에서 탈락이다.
그런데 자식이라면 서류전형 탈락이 안 되기 때문에 반드시 업상대체를 해야 한다.

업상대체란 직업을 통해 내 사주의 강한 기운을 빼주는 작용이다.

물론 배우자도 업상대체는 가능하다.

한마디로 관살(官殺)이 강한데 식신(食神)이 없고 운(運)에서도 관살이 또 들어온다면 단명하는 사주이다.

일간(日干)을 보자마자 가장 먼저 찾아야 할 십성은 단연 식신(食神)이다.

⊙ 통변비법 9

식신(食神)은 건강뿐 아니라, 일, 능력, 먹고사는 문제까지 모두 해결해 주는 만능열쇠 같은 존재이다.

물론 너무 많으면 문제이지만, 많아서 문제 되는 오행 중에서도 그 피해가 가장 적은 십성이다.

① 식신(食神)을 찾아내고 관살(官殺)을 제압할 수 있는지 살펴본다.

식신제살(食神制殺)이 되는지 확인한다.

② 식신이 합충극(合沖剋)을 받는지 살피고 그로 인해 무력해지는지 살펴야 한다.

③ 식상(食傷)이 없으면 표현도 잘 안 되고 게으른 경향을 보인다.

자식의 경우에는 부지런한 습관과 표현하는 방법을 연습시켜야 한다.

④ 편인(偏印)이 식신과 함께 있는지 살피는데 만일 같이 붙어 있을 경우, 식신은 그 기능을 상실하여 없는 것과 같다. 이를 편인도식(偏印倒食)이라고 하는데 식신을 깨트려 못 쓰게 만든 것이다. 흔히 밥그릇을 엎는다고도 한다.

따라서 편인(偏印)운 때는 식신의 위치를 잘 살펴야 한다.

사주에서 건강의 바로미터는 식신(食傷)이고 오행상으로는 목(木)의 기운과 비슷하다.

한 가지 오행이 지나치게 강하면 균형이 무너져 쉽게 병에 걸리게 되고 인생의 굴곡도 심하게 된다.

균형된 사주는 길흉(吉凶)의 영향도 적게 받지만 불균형한 사주는 길흉(吉凶)의 영향도 극단적으로 강하게 받는다.

사주의 목적은 자신이 없는 오행을 채워가는 과정이다.

길흉(吉凶)에 앞서 자신의 부족한 점을 채우고 넘치는 부분을 절제하는 것이 무엇보다도 중요하다.

사주 감정에서 가장 먼저 보는 것은 일간(日干)이다.

일간(日干)이 무엇인지 본 다음 퍼즐을 맞춰 가는 게 보통의 간명기법이다.

일간(日干)이 무엇인지에 따라 주변에 필요한 오행의 존재 여부를 확인해야 한다는 의미이다.

신약, 신강, 용신은 실제 사주 감정에서는 시급한 것은 아니다.

학술적으로는 중요하지만, 실제 통변 때는 큰 위력을 발휘하지 못한다.

실전 통변 시 가장 큰 위력을 발휘하는 것은 십성(十星), 오행(五行), 합충형살(合沖刑殺)이다.

10. 통변 잘하는 법 ⑩

"일간의 절대 필요오행을 찾은 뒤 운(運)과 대비하라."

절대 필요오행에는 용신(用神)이란 개념이 포함되어 있지만, 용신과는 조금 다른 면도 있음을 유의해야 한다.

절대 필요오행이란 예를 들어 목(木) 일간이면 무조건 화수(火水)를 찾아야 한다.

화수(火水)가 다 있으면 토(土)까지 찾는다.

목(木)은 모든 실현 목적을 화(火)에 두고 있다.

목생화(木生火)가 바로 그런 의미이다.

목(木)은 화(火)가 있어야 자신의 이상을 발현시킬 수 있다.

화(火)일간일 경우는 목(木) 토(土)를 찾아야 하고

금(金)일간은 화수(火水)가 절대적이다.

수(水)일간은 목(木)금(金)이 있어야 가치가 있다.

통변은 기초에 근거한다.

기초가 튼튼하지 않으면 통변에 한계가 있다.

그다음 절대필요오행을 대운 세운 월운 순으로 맞춰본다.

절대필요오행이 합충극(合沖剋) 되었다면 용신의 합충극(合沖剋)만큼이나 나쁜 영향을 미치기 때문이다. 경우에 따라서는 용신의 합충극(合沖剋)보다도 더 나쁠 수도 있다.

대운과 세운을 중심으로 합충극(合沖剋) 되었다면 어떤 영향을 미칠지 예측하고 대비해야 한다. 실제 길흉(吉凶)은 합충극(合沖剋) 운에서 결정되는 경우가 대부분이다.

⊙ 통변비법 10

사주는 팔자로 구성되어 있다.

팔자 중 간혹 시(時)를 모르는 경우도 있고 쌍둥이가 함께 찾아오기도 한다.

시(時)를 모를 경우 어떻게 사주를 보아야 하는지 또 쌍둥이의 경우 어떻게 사주를 보는지 살펴보겠다.

① 시(時)를 모르는 경우

3주를 보고 가장 필요한 오행과 가장 나쁜 오행을 대입하여 지난 운(運)과 비교해 본다.

가장 필요한 오행과 가장 나쁜 오행을 대입해 보는 것은 그 외 오행은 큰 의미가 없기 때문이다. 우선적으로 일지(日支)와 합충형살(合沖刑殺)이 되는 오행을 대입하여 지난 운(運)과 비교하면 시(時)의 추론이 가능해진다.

② 쌍둥이 사주 보는 법

쌍둥이 사주보는 법은 간단하다.

형이나 언니는 태어난 시(時) 그대로 보면 되고 동생은 원 시(時)보다 한 시각 뒤로 보면 된다.

예를 들어 형이나 언니가 유시(酉時)라면 동생은 술시(戌時)로 보면 된다.

아래 시간 조견표를 이용하여 본다.

대개 쌍둥이는 결혼 후 인생행로가 달라지지만, 그전에도 성향이 다른 경우도 종종 있다.

그래서 쌍둥이 사주 간명은 더욱 세심하게 살펴야 한다.

시(時)가 달라진다는 것은 일지(日支)에 영향을 주고 말년 운(運)과 관련이 있으며 사주의 강약에도 영향을 미칠 수 있다.

쌍둥이가 운명적으로 기운이 반으로 나뉘어 큰 사람이 되기 어렵다는 속설이 있다.

그래서 고대 왕실에서는 왕자가 쌍둥이면 한 명은 죽이거나 멀리 떠나보냈다고 하는데 이는 잘못된 편견이다.

내 운명은 내가 선택하고 노력하여 만들어 가는 것이다.

쌍둥이도 얼마든지 위대한 사람이 될 수 있다.

● 시간조견표(時間早見表)

시간 조견표	갑(甲) 기(己)	을(乙) 경(庚)	병(丙) 신(辛)	정(丁) 임(壬)	무(戊) 계(癸)
자시(子時)(23~01)	甲子(갑자)	丙子(병자)	戊子(무자)	庚子(경자)	壬子(임자)
축시(丑時)(01~03)	乙丑(을축)	丁丑(정축)	己丑(기축)	辛丑(신축)	癸丑(계축)
인시(寅時)(03~05)	丙寅(병인)	戊寅(무인)	庚寅(경인)	壬寅(임인)	甲寅(갑인)
묘시(卯時)(05~07)	丁卯(정묘)	己卯(기묘)	辛卯(신묘)	癸卯(계묘)	乙卯(을묘)
진시(辰時)(07~09)	戊辰(무진)	庚辰(경진)	壬辰(임진)	甲辰(갑진)	丙辰(병진)
사시(巳時)(09~11)	己巳(기사)	辛巳(신사)	癸巳(계사)	乙巳(을사)	丁巳(정사)
오시(午時)(11~13)	庚午(경오)	壬午(임오)	甲午(갑오)	丙午(병오)	戊午(무오)
미시(未時)(13~15)	辛未(신미)	癸未(계미)	乙未(을미)	丁未(정미)	己未(기미)
신시(申時)(15~17)	壬申(임신)	甲申(갑신)	丙申(병신)	戊申(무신)	庚申(경신)
유시(酉時)(17~19)	癸酉(계유)	乙酉(을유)	丁酉(정유)	己酉(기유)	辛酉(신유)
술시(戌時)(19~21)	甲戌(갑술)	丙戌(병술)	戊戌(무술)	庚戌(경술)	壬戌(임술)
해시(亥時)(21~23)	乙亥(을해)	丁亥(정해)	己亥(기해)	辛亥(신해)	癸亥(계해)

11. 통변 잘하는 법 ⑪

사주 통변을 잘하기 위해서는 관찰하는 습관이 중요하다.

사람들의 말과 행동을 보면서 추측하고 실제 맞춰 보기도 하는 것이 매우 중요하다.

처음에는 자신과 가족 사주를 보고 임상 연구하는 것이다.

차츰 주변 동료 친구 타인들까지 범위를 넓혀가다가 보면 느낌으로 감이 잡히기 시작한다.

"아~ 이 사람은 이런 성분 때문에 이런 행동을 하는구나."

그때부터는 사주 공부가 재미가 있어지기 시작한다.

사주는 관찰과 궁리의 학문이다.

필자도 사람들을 관찰하기를 좋아한다.

지하철에서 큰 소리로 전화 통화하는 사람을 보면 저 사람은 사주에 관성(官星)이 없겠구나 생각이 들고, 머리를 붉게 물들이고 한여름에 가죽 자켓을 입은 여성을 보면 저 여자는 상관(傷官)이 강하겠구나 하는 생각이 순간적으로 든다.

사주 감정을 잘하고 싶으면 실제 생활 속에서 사람의 행동을 관찰하는 연습을 하는 것도 매우 유용하다.

좋아하고 즐기면 공부도 놀이가 되는 것이다.

사주 감정을 할 때 재미있고 행복해지는 사람은 사주의 대가가 될 가능성이 높다.

사주 감정을 잘할 수 있는 방법은 사주를 즐기는 것이다.

⊙ 통변비법 11

① 예) 천 년 된 도자기를 발견했다. (십성의 반응)

비견 겁재는 (저런 것이 아직 존재하다니 대단하다)
식신 상관은 (식신은 발견한 사람 좋겠다. 상관 저거 진짜일까?)

편재 정재는 (정재는 저 물건 얼마나 할까?)
편재는 (저 물건 칠 좀해서 팔면 더 받을 수 있겠는데?)
편관 정관은 (소유권, 보관자는 적법절차에 따른 것인가?)

편인 정인은 (편인은 저게 진짜 가치있는 걸까?)
정인은 (후세까지 잘 보관하여 유산으로 남겨줘야 할 텐데)

② 예) 잘생긴 남자를 발견했다.

비견 겁재녀는 (왜 날 안 보는 거야? 먼저 말 걸어볼까?)

식신 상관녀는 (식신녀는 저에게 오세요 잘해 줄게요, 상관녀는 사귀자)

편재 정재녀는 (오늘따라 술이 취하네. 아, 어지러워)

편관 정관녀는 (오늘 이 정장을 입지 말걸, 칙칙해 보이는 것 같아)

편인 정인녀는 (무슨 얘기든 다 들어줄게요, 저 되게 착해요)

③ 예) 예쁜 여자를 발견했다.

비견 겁재남은 (저 시간있으면 차 한잔 하시죠?)

식신 상관남은 (당신을 보고 있는 나, 지금 나 떨고 있는 거 맞죠?)

편재 정재남은 (맛있는 집 아는데 같이 먹으러 갈래요?)

편관 정관남은 (편관남은 저는 공무원입니다. 이상한 사람 절대 아닙니다)
(정관남은 안녕하세요, 실례가 안 되면 대화를 나누고 싶습니다.)

편인 정인남은 (편인남은 전화번호 주세요, 정인남은 엄마한테 물어볼까?)

시험을 잘 보기 위해서는 교과서를 보는 것도 중요하지만 실전 문제를 많이 풀어보는 것도 매우 중요하다.

사주도 마찬가지이다.

실제 사주 감정을 많이 연습하다 보면 자신도 모르는 사이에 실력이 향상되는 것을 느낀다.

처음에는 가족, 친구, 선후배, 지인 등 가까운 사람들 위주로 간명하다가 보면 사주해석에 대한 감이 오는 순간이 생긴다.

그때부터는 아무 정보 없이 모르는 사람의 사주를 보고 업, 성격, 외모, 큰 사건 위주로 해석하는 연습을 하면 된다.

※ 실전 통변비법

◉ 고 배우 김○○

시	일	월	년
	丁	己	壬
	卯	酉	子

대운 갑인(甲寅)

세운 정유(丁酉)

월운 경술(庚戌)

◉ 사주의 특징 : 정(丁)일간 유(酉)월생이며 일지에 묘유충(卯酉沖)이 있다.

유일하게 정(丁)을 유지를 하는 것이 묘목(卯木)인데 묘유충으로 깨져있고 습목(濕木)이라 축축해서 불이 잘 붙지 않고 연기만 난다. 흔히 눈물이 많은 사주라고도 한다.

위 사주는 묘유충(卯酉沖)이 사주 원국에 있는 상태에서 대운은 갑인(甲寅)운, 세운은 묘유(卯酉)충이 직방이 된다.

월운은 묘술(卯戌)합 일운은 인묘(寅卯) 목(木)기운이 너무 강해진다.

묘유충(卯酉沖)이 사건, 사고 등을 일으키는 운(運)이긴 하지만 이 사주에서 죽음와 관련된 가장 중요한 것은 일간 정화(丁火)의 특수성이다.

정화(丁火)는 인공적인 작은 불이다.

기본적으로 열성을 지닌 불이지만 화력이 강하지 않은 은은한 불이다.

흔히 달빛으로도 표현할 수 있는데 운(運)에서 목(木)기운이 너무 강하게 들어온다.

소나무에 라이터로 불을 붙일 수 없는 이치이다.

나무가 많으면 불이 꺼지는 법, 즉 묘유충(卯酉沖)의 영향도 가중되었겠지만 가장 치명적인 것은 목(木)기운이 운(運)에서 너무 강한 것이 문제였다.

이를 목다화식(木多火熄)이라고 하는데 나무가 많으면 불이 꺼진다는 의미를 담고 있다.

이것은 생명과 직결된 사항으로 교통사고는 묘유충(卯酉沖)이 일으켰지만 죽음은 **목다화식(木多火熄)**이 만든 것이다.

즉 교통사고가 일어났어도 **목다화식(木多火熄)**이 일어나지 않으면 다치는 정도일 것이다.

이 사주는 신약해서 인성이 용신이고 절대필요오행은 병화(丙火)다.

◉ 배우 문×× 사주

시	일	월	년
	辛	己	丙
	酉	亥	寅

◉ 이 사주의 특징 : 용신과 절대필요오행까지 완벽하게 있는 귀격사주이다.

용신 水

절대필요오행 火

신유(辛酉)일주를 지닌 이 사주는 귀격이다.

이 사주는 3주만 가지고도 완벽에 가깝다.

물론 사주가 좋다는 표현은 정확한 표현은 아니다.

다만 이해를 돕기 위해 쉬운 단어를 사용한 것이다.

본질은 언어로 한정할 수 없다 하지 않는가?

사주의 느낌을 언어로 표현한다는 것이 사실 쉬운 일은 아니다.

이 사주는 딱 보는 순간 두 가지가 떠올라야 한다.

물(水)과 불(火), 이 두 가지가 있으면 기본은 갖춘 사주가 된다.

그 다음 생금(生金)을 위해 습도(濕土)가 있는지를 봐야 하는데 딱 있다.

물상적으로 표현하자면 보석이 잘 보관(土)되어 있다가 잘 제련(火)되고, 잘 세척하여(水) 빛이 나는 형상이다.

고집이 다소 강하고 주체성이 있어 남의 충고를 잘 안 듣는 단점이 있긴 하지만 이 정도면 매우 훌륭한 사주라고 할 수 있다.

단 간여지동 사주는 배우자 배타성이 있다.

내 고집이 강하다 보니 배우자와 자꾸 갈등이 생기는 것이다.

다르다는 것을 인정하면 해결된다.

◉ 고 배우 조△△ 사주

시	일	월	년
	癸	丙	乙
	亥	戌	巳

대운 신사(辛巳)

세운 무술(戊戌)

월운 을묘(乙卯)

◉ 이 사주의 특징: 일지의 술해(戌亥) 천라지망이다.

이 사주는 보는 순간 계(癸)일간에 필요한 목(木)이 있는지 살핀 후 일지의 술해(戌亥) 천라지망을 보고 운(運)과 대입해야 한다.

일지 배우자궁에 천라지망이 직방살 있는 사주는 운(運)에서 또 천라가 들어올 때 반드시 흉액(凶厄)이 따르기 때문에 사전에 대비해야 한다.

이 사주의 가장 문제는 사주원국에 술해(戌亥) 천라지망이 있고 올해처럼 무술년이 되면 무계합(戊癸合)과 천라지망이 직방으로 들어와 최악의 운으로 변화된다.

설상가상의 운이라 할 수 있다.

일간은 무계합(戊癸合)으로 묶이고 지지는 천라지망으로 파괴되었다.

빠져나갈 길이 보이지 않았다.

이와 같은 흉운(凶運)은 물에 빠졌는데 폭풍이 몰아치는 상황이라 할 수 있다.

모든 충극형살은 일지를 중심으로 하며, 월지와 충극형살 되는 것이 가장 나쁘다.

⊙ 안OO 전 OO지사

시	일	월	년
壬	甲	乙	甲
申	申	亥	辰

※ 時는 사건 사고를 기반으로 추정한 것

대운 신사(辛巳)

세운 무술(戊戌)

이 사주의 특징 : 갑신(甲申)일주는 바위 위에 홀로 선 소나무처럼 멋있어 보이나, 뿌리를 내릴 수 없어 늘 불안정하고 외롭다.

귀가 얇아 남의 말에 잘 흔들린다.

병화(丙火)와 자수(子水)를 찾고, 없다면 정화(丁火)와 해수(亥水)가 있는지 본다.

갑신(甲申)일주에 편관을 깔고 있으니 3주로 봤을 때는 자기관리가 잘되지만 시지(時支) 자리에 인목(寅木)이나 자수(子水)가 있으면 또 달라진다. 인신(寅申)충이 있으면 배우자궁이 깨져 관성이 작용하지 못하고 자수(子水)가 있어도 **신자진(申子辰)합으로 관성이 작동을 못 한다.**

대운이 신사(辛巳)대운으로 평범한 운이지만 시지에 인목(寅木)이나 자수(子水)가 있으면 최악의 운(運)이 된다.

⊙ 가수 황00 사주

시	일	월	년
丙	庚	辛	壬
戌	申	亥	戌

※ 시주(時柱)는 추측하여 정함

대운 을묘(乙卯)

세운 무술(戊戌)

⊙ 이 사주의 특징: 경신(庚申)일주는 주체와 고집의 아이콘,

일단 경금(庚金)은 화수(火水)가 있는지 확인한다.

화(火)로 제련하여 쓸모 있게 만든 다음 수(水)로 빛을 내 준다.

위 사주는 천간에 임수(壬水)가 있음으로 화(火)가 있으면 매우 귀격사주가 된다.

그러나 아쉽게도 3주에는 화(火)가 없다.

사주에 없다면 운(運)에서 들어오길 기다려야 한다.

추측으로는 시주(時柱)에 화(火)가 있을 것 같다.

경금이 화(火)를 만나지 못하면 그냥 고철 덩어리이기 때문이다.

사주를 잘보는 가장 중요한 요령은 일간을 보는 순간 그것에 필요한 오행을 찾는 것이다.

그리고 운(運)을 대입하는 것이다.

⊙ 사주 감정의 수준 차이

모든 학문이 그러하듯 사주 감정에도 수준 차이가 명확하게 있다.
그 차이도 유치원생부터 대학원생까지 다양하다.

그렇다면 이것을 어떻게 구분할 수 있을까?
구분 방법은 어려울 수도 있고 의외로 간단할 수도 있다.

첫 번째, 유치원 수준의 감정은 신살감정이다.

올해부터 삼재이니 삼 년 동안 재수가 없고 백호살이 들어오니 혈광지
사를 당할 것이며 도화살이 들어왔으니 바람날 것이다.

두 번째, 초등학교 수준의 감정이 억부감정법이다.

신약 신강과 격국으로 용신을 찾고 운(運)에 대입하는 방식이다.
신약하면 비겁과 인성을 용신으로 사용하고, 신강 신왕하면 식상과 재
성 관성을 용신으로 사용하며, 격(格)에 따라 직업을 정하기도 한다.

세 번째, 중고등학교 수준의 일주감정법이다.

일주(日柱) 중심으로 음양오행의 원리를 적용하는 방법으로 높은 적중률
이 있다.
일주의 특성을 파악하고 그에 맞게 균형을 찾아 사주를 중화시키는 방
식이다.

네 번째, 대학생 수준의 감정은 합형충해파(合刑冲亥破) 감정법이다.

모든 사건 사고는 합형충해파(合刑沖亥破)에 의해 발생된다.

일주를 파악하고 합형충해파를 대입하고 변화를 읽어내는 방식이다.

(이 시기부터가 실질적인 사주 감정이 되는 상태이다)

다섯 번째, 대학원 수준의 운(運)의 체용(體用)변화 감정방식이다.

일주와 합형충해파(合刑沖亥破)의 관계뿐 아니라 운(運)에 의한 변화를 읽어내는 방식이다.

이때 중요한 것은 5가지 운(運)의 체용(體用)을 모두 사용해야 한다는 것이다.

이것은 사건 사고의 시점을 찾아내는 중요한 수단이다.

즉 대부분의 운(運)의 시기만 언급할 뿐 시점을 찾지 못한다.

실제 사건 사고는 모두 시점에서 일어나는데도 말이다.

배우 고 조△△ 씨의 죽음도, 배우 고 김○○의 죽음도 운(運)의 체용(體用) 변화에 따른 시기, 시점에 의한 사건 사고였다.

이를 동착(同着)이라고도 하는데 흉(凶)한 것들이 한꺼번에 들어올 때 같은 운(運)끼리도 체용의 변화가 일어나면서 흉(凶)한 기운이 가중되는 이치이다.

정화(丁火)가 갑목(甲木)을 땔감으로 쓰기 위해서는 경금(庚金)으로 나무를 동강 내야 쓸 수 있다. 성냥불로는 소나무에 불을 붙일 수 없다는 의미이다.

즉 작은 불씨에 큰 나무를 넣으면 오히려 불이 꺼진다는 의미이고 이를 목다화식(木多火熄)이라고 한다.

이런 경우 신약사주라고 인성(印星)운에 발복한다고 한다면 이치에 맞지 않게 된다.

만일 신강신약 논리대로 하면 고 김00 씨는 용신운에서 사고로 죽은 것이 된다.
사주가 미신이 되는 순간이다.

따라서 신약 신강으로만으로는 사주를 감정할 수도, 판단할 수도 없다.
최악의 운(運)을 용신(用神)으로 오인하는 결과를 낳기 때문이다.

마지막 최고 수준의 감정은 위 5가지 모든 상황을 파악한 후 일주의 절대필요오행을 찾아 합형충해파와 상관관계를 찾은 뒤 운(運)에 대입하고 궁성(宮星)의 위치별 역할을 파악한 후 오행별 십성(十星)을 해석하는 것이다.
또한 그에 맞는 개운법(**업상대체, 작명, 색상 방향 숫자 등**)을 알려주는 것이다.

사주에서 신약 신강은 용신(用神)을 찾기 위한 것보다는 내가 이끌고 갈 주체성을 찾는 도구로 사용해야 더 적합하다.

실제 간명하다 보면 극신약사주인데도 인성운 때 흉(凶)한 경우가 대단히 많고, 신강한데도 인성이 좋은 작용을 하는 경우도 매우 흔하다.
즉 책에 나온 대로 적용해서는 안 된다.
책은 기초적인 원리를 설명한 것이지 실제 그렇게 된다는 것이 아니다.

사주공부에서 가장 중요한 것은 음양(陰陽)이론이다.
음양의 이치에 의해 모든 만물이 운영되기 때문이다.
따라서 정말 사주의 대가가 되고 싶다면 신약 신강이 아닌 음양을 공부해야 한다.

음양(陰陽)을 한마디로 정의하면 균형이다.
그리고 균형은 사주의 기본 원리이다.

신약한 사주도 인성 비겁 운 때 흉(凶)한 작용을 하는 것은 흉신(凶神)이 길신(吉神)을 선행(先行)하기 때문이다.

왜 흉신이 길신을 선행하는지?

같은 십성인데도 오행에 따라 모두 왜 다른지?

일간에 따라서도 십성이 모두 다르게 작용하는지?

음양(陰陽)을 모르면 절대 알 수 없기 때문이다.

음양(陰陽)은 남녀가 아니다.

태양이나 달의 차이도 아니다.

밤과 낮의 차이도 아니다.

음양(陰陽)은 겉으로 드러났는지 겉으로 드러나지 않았는지가 더 정확한 표현이다.

음양(陰陽)은 함께 있지만 섞이지 않으며 순환하지만 늘 그 자리이다.

사주는 하루아침에 이루어지지 않는다.

제7장

사주,
역사를 디자인하다

사주명리의 깊이는 인문서(철학 역사 천문)를 많이 공부해야 생긴다.

단순히 사주학원에서 배운 사주이론만으로는 한계가 있다.

따라서 유학의 사서삼경, 종교, 불교, 역사서, 도교, 천문학 등을 두루 섭렵했을 때 진정한 깊이가 형성되며 운명에 대한 안목도 생기는 것이다.

사주는 운명을 감정하는 것이기 때문에 모든 지식과 경험이 축적되어야지만 완벽한 학문적 위상이 만들어진다.

그런 점에서 우리의 역사를 아는 것도 매우 유용하다는 생각이다.

그중 고려의 역사는 한민족이 세운 최초의 자주통일국가로 그 의의가 매우 크다고 할 수 있다.

특히 묘청의 난을 중심으로 벌어지는 우리 민족의 정체성과 민족사적 의미는 반드시 알아야 한다.

외국에서 대한민국을 지금도 코리아(Korea)라고 부르는 것은 '고려' 때문이다. 그만큼 '고려'는 세계적으로도 많이 알려진 위상이 높은 나라였다.

따라서 승자인 조선에 의해 왜곡된 고려의 기록은 마땅히 수정되어야 할 것이다.

고려는 외세의 도움이나 간섭 없이 세운 최초의 자주적인 국가이고 그 정신적 이념도 자주적이고 이상적이었다.

신채호 선생의 『조선상고사』에서 '조선 천년 일대기 사건'을 '묘청의 난'으로 기록하고 있다. 우리 민족사의 물줄기가 이때 바뀌었다고 판단한 것이다.

개인이나 국가나 정신이 훼손되었을 때 가장 불행한 사건들이 발생한다.

고려의 멸망을 통해 한 국가의 운명이 어떻게 진행되는지 살펴보고 사주에 적용시켜보겠다. 개인과 국가 모두 운(運)의 적용을 받으며 어떤 특정한 사건 사고에 의해 그 운명이 결정된다.

1. 고려의 흥망성쇠 국운(國運)

"역사는 지난 사건을 토대로 현재의 역사를 재구성할 수 있게 만들어 준다. 역사를 잊은 국가는 오래 존속할 수 없다."

◉ 역사로 배우는 교훈 국운(國運)

통일신라 말기 혼란스러운 시기에 후삼국을 통합하여 새롭게 탄생한 한 민족 국가인 고려의 건국은 민족적인 측면에서 대단히 큰 의미가 있다.

통합국가인 점은 통일신라와 다르지 않으나 국가이념적인 면과 통일방식은 큰 차이가 있다.

우선 통일신라는 외세의 도움을 받아 통일과업을 완수했지만 고려는 외세의 개입 없이 자주적인 방법으로 통합을 이끌어냈다.

더 중요한 것은 국가이념인데 자주통일을 기반으로 옛 고구려의 이념을 계승하여 북진정책을 채택한 것이다.

호족통합정책과 숭불정책(崇佛政策)은 통일신라와 흡사한 면이 있으나 북진정책은 우리나라가 고구려의 옛 영토를 조금이나마 회복하고 대륙 국가에 맞서 당당하게 설 수 있는 가장 위대한 정책의 기초가 된다는 점에서 매우 중요한 사건이라 할 수 있다.

고구려가 강해질 수 있던 것은 바로 이러한 기본 국가이념이 국력의 바탕이 되었기 때문이다. 국력은 땅의 크기나 인구에 비례하지 않는다. 국가 전체가 어떤 정신으로 무장되어 있는가가 더 중요하다.

즉 한 국가의 흥망성쇠는 외부적인 요인보다는 내부적인 요인과 국가정신이 좌우한다는 의미이다.

그러한 점에서 '묘청의 난'은 대단히 뼈아픈 의미가 있다.

단재 신채호 선생의 『조선상고사』에서 '묘청의 난'을 조선 천년사 일대사건으로 기록한 것도 바로 이러한 점 때문이 아닌가 하는 생각이 든다.
진취적인 북진정책이 현실 안주적인 사대주의로 바뀌는 순간이었기 때문이다.

묘청의 난은 단순히 한 국가의 일개 실패한 난(亂)이나 정책변경이 아니다.
천년을 이어온 한 민족의 진취적이고 도전적 정신을 유교란 온실 속의 화초로 바꿔버린 역사적인 사건인 것이다.
물론 유교 자체의 문제는 아니다.
그러나 그것을 받아들인 사람들에 의해 많은 왜곡이 일어난다.
그 대표적인 것이 기득권 세력에 의해 중앙집권체제를 강화하는 도구로 유교가 전락했다는 것이다.

유교란 학문은 평화 위에서 그 가치가 인정되는 구조로 되어 있다.
유교의 핵심 내용이 인본주의(仁)와 그것을 표현하는 형식(禮)에 치중되어 있기 때문에 외침이 잦고 척박한 우리나라 같은 작은 나라에선 그 효용 가치가 떨어질 수밖에 없는 학문인 것이다.

춘추전국시대를 통일한 진시황제가 국가이념을 한비자의 법가사상으로 정하고 유교를 탄압한 이유가 바로 그 때문이다.

묘청은 고려 중기 인종 때 승려 출신으로 서경 천도와 금국 정벌 등 북진 정책과 국력 강화 정책을 국가이념으로 받아줄 것을 요구하였다.
그러나 당시 고려는 작은 평화에 안주하며 점차 국가정신이 무너지는 상태였고 왕실과 귀족은 자신의 기득권을 확대하는 것에만 관심 있었다.

또한 이미 개경을 중심으로 한 문벌귀족세력이 왕권을 압도하고 있어 묘청은 자신의 뜻이 관철되기 어렵다고 판단하여 난을 일으켰다.

만일 묘청의 난이 혁명으로 성공했다면 조선사 천 년은 어떻게 되었을까? 민족사학자 신채호 선생은 묘청의 난을 다음과 같이 기술하고 있다.

서경 전투에서 양편 병력이 서로 수만 명에 지나지 않고 전쟁의 기간이 2년도 안 되지만, 그 결과가 고려사회에 끼친 영향은 고구려의 후예요. 북방의 대국인 발해 멸망보다도 몇 갑절이나 더한 사건이니 대개 고려에서 이조에 이르는 일천 년 사이에 이 사건보다 더 중요한 사건이 없을 것이다.

한 국가나 개인의 성장은 비슷한 점이 많다.

살아있는 정신이 바로 그것인데 국가든 개인이든 정신이 죽으면 성장은 멈추고 국가는 폐망의 길로 개인은 폐인의 길로 간다.

그런 점에서 묘청의 난 이전과 이후의 역사적 흐름은 전혀 다른 두 갈래 길이 되고 만다.

묘청의 난의 세부적인 측면을 살펴보면 몇 가지 주된 특징이 있는데, 우선 사회적으로는 허약해진 왕실과 무능한 정부에 대해 백성의 원망이 높았고 문벌귀족들의 세력 확대 및 백성수탈로 인해 민심이 국가를 떠나고 있었던 것이 가장 큰 패국의 원인이었다.

즉 국가에 대한 백성의 충성심이 약화되고 있었던 시기였다.

두 번째는 대외적으로 북방에서는 거란족이 세운 요나라가 멸망하고 북송마저 몰락하는 가운데 새로운 신흥세력으로 여진족이 세운 금(金)이 발흥하고 있었다.

또 왕실과 귀족내부에서는 귀족세력을 대표하던 이자겸과 척준경의 변란으로 왕권이 뿌리째 흔들리고 사회 기강마저 무너지는 등 새로운 전환기이자 격동의 시기였다.

중년이 지난 고려는 폐국의 징조와 흐트러진 국가기강을 새롭게 하여 한 단계 업그레이드할 수 있는 기회의 모습을 함께 가진 매우 혼란스러운 형상을 하고 있었다.

이러한 시기에 혜성처럼 등장한 묘청이 표방한 대표적인 슬로건이 바로 '서경 천도론'이다.

말하자면 개경에서 서경(지금의 평양)으로 수도를 이전하자는 것이다.

이 무렵 서경 천도론이 힘을 얻을 수 있었던 것은 앞서 말한 바와 같이 내우외환 때문이었다.

풍수 도참은 통일신라 말기를 거쳐 고려 일대를 풍미한 사상인데 불교 못지않게 고려왕조에 끼친 영향 또한 대단하였다.

사상적 믿음은 불교이지만 현실적 대안은 풍수 도참이었고 불교가 귀족적 성향이 강한 데 비해 풍수도참은 귀족과 일반 백성에게 모두 영향을 끼쳤다.

그 가운데서도 특히 지덕(地德)이 쇠퇴한 곳에서 왕성한 곳으로 도읍을 옮겨야만 왕실과 국가가 융성해진다는 이른바 '**지덕쇠왕설(地德衰旺說)**'은 고려 태조 이후부터 거의 모든 고려왕들이 신봉했던 풍수론이었다.

사실 내용만 따지고 본다면 지덕쇠왕설(地德衰旺說)은 단순한 미신에 불과한 것 같지만 보수적이고 무기력한 구세력의 근거지 개경을 떠나 새로운 국가 질서를 확립하고 싶어 한 왕과 신세력들에게는 더할 나위 없이 매력적이고도 혁명적인 사상이었다.

원래 묘청은 서경의 승려로서 정심(淨心)이라는 이름으로도 알려졌지만 그 계보는 정확하지가 않다.

음양오행(陰行五行)의 대가로 알려진 묘청을 중앙 정계에 소개한 사람은 서경 출신의 문신 정지상이었다.

정지상은 서경 출신으로 인종 대에 언관직을 맡을 정도로 능력을 인정받았던 인물이었다.

1127년에는 척준경을 탄핵하여 추방하는 공을 세우기도 했다.

더욱이 경연에서 고전 강의를 도맡을 정도로 실력파였던 정지상은 시문에도 뛰어나 당대에 명성을 날리는 등 묘청과 같은 음양가(陰陽家)와는 비교도 되지 않던 인물이었다.

그런 그가 정치의 혁신과 서경천도를 주장하는 묘청을 인종에게 추천하기도 하고 내시낭중 김안과 함께 서경 천도를 공공연히 주장하기도 했다.

명망 있는 문신 정지상이 서경 천도론을 들고 나오자 이에 동조하는 인물들은 모두 입을 모아 묘청을 극찬하고 심지어는 인종에게 그를 위한 상소문까지 올리기도 했다.

인종도 처음부터 묘청을 신뢰했던 것은 아니었다.

14세에 왕이 되어 이자겸의 난을 경험한 그로서는 서경 천도론의 유혹을 뿌리치기 힘들었을 것이다.

1127년 2월, 인종은 마침내 정지상과 묘청 일파의 건의를 받아들여 서경으로 가서 '유신 정교'를 선포한다.

묘청과 정지상 등 서경파가 천도설이 힘을 얻자 이에 위기를 느낀 김부식을 비롯한 문벌귀족들은 이를 개성파에 대한 선전포고를 한 것으로 간주하고 역공을 준비한다.

한편 인종이 유신 정교를 반포하고 나서 묘청 일파는 서경에다 신궁을

건설할 것을 강력하게 주장했다.

"서경 임원역(林原驛) 땅이 풍수가들이 말하는 대화세(大華勢)입니다.
전하께서 만일 그곳에 궁궐을 세우고 수도를 옮기신다면 천하를 얻을
수 있으며 금나라도 조공을 바쳐 스스로 항복할 것이고 36국이 모두 복
종하게 될 것입니다."

'**대화세(大華勢)**'란 이른바 산수의 발맥(發脈). 나무의 줄기나 가지, 꽃과
열매에 비유해서 말하는 것으로, 산수가 취합하여 좋은 격을 이룬다는 소
위 명당자리를 말한다.

1128년(인종 6년) 8월 23일 드디어 묘청의 말에 따라 서경으로 향한 인종
은 자신을 따라간 묘청과 백수한에게 임원역의 땅에 새로 지을 궁터를 잡
게 했다.

1128년 11월에 일명 대화궁이라는 이름의 궁궐 신축 공사가 시작되었고
공사는 일사천리로 진행되어 불과 3개월 만에 완공을 보았다.
묘청은 한 단계 더 나아가 인종에게 **칭제건원(稱帝建元)과 금국정벌** 문
제를 주청했다.
그야말로 자주 선언이었지만, 금국정벌은 그 당시 고려의 국력으로 비
추어 보아 불가능한 일이었다.
칭제건원과 금국정벌은 불만이 하늘을 찌르던 수도 이전 반대파들이 결
집하는 결과를 낳았다(**아군 숫자를 늘리는 것보다 적을 만들지 않는 것**
이 더 중요하다).
분위기가 심상치 않게 돌아가자 묘청 일파는 서경 천도를 서둘렀다.
개경의 궁궐 재건 기공식에 참석한 묘청은 백수한, 정지상 등과 함께 인
종에게 서경 천도를 간절히 아뢰었다. 그러나 인종은 묵묵부답이었다.

이미 김부식 등 묘청 반대파들의 입김이 거세지고 있었다.

인종도 처음부터 묘청 일파의 비술이나 주장이 비현실적이라는 것을 모르지 않았다.

그러나 일찍이 이자겸 일파에게 모진 시련을 당하여 개경 땅이 싫어진 참이었고 개경 귀족들의 전횡에서 벗어나고 싶었던 마음이 컸을 것이다.

묘청 일파의 말대로 옛것을 혁신하여 새것을 세우는 이른바 '혁구정신 (革舊鼎新)'의 정치를 인종도 강하게 원하고 있었던 것이었다.

인종은 1134년 1월에 묘청을 '삼중대통지루각원사'에 임명하고 붉은 가사 옷을 주더니 뒤이어 2월에는 다시 서경의 신궁으로 행차하였다.

인종의 서경 행에도 불구하고 이번에는 하늘이 도와주지 않았다.

초봄이라 그런지 인종이 뱃놀이하는 대동강 가에 별안간 폭풍이 몰아치자 인종은 낙심하여 보름 만에 개경으로 돌아갔다(**개경천도는 길흉이 자연재해로 드러나는 현상, 즉 길(吉)이 흉(凶)으로 바뀌는 것으로 국운 의 흥망성쇠도 비슷한 현상이 나타난다**).

인종이 개경으로 되돌아간 이후에도 천재지변은 그치지 않았다.

음력 3월에 눈이 내리기도 하고 하늘에선 많은 유성까지 떨어졌다.

4월(현재로는 5월)에는 때 아닌 서리가 내렸으며 또 큰 비와 천둥 번개 때문에 인명과 농작물의 피해가 막심했고 그해 여름에는 극심한 가뭄마저 들어 인종은 급기야 기우제까지 지냈다.

기상이변이 계속되자 김부식을 비롯한 개경파 들은 본격적으로 인종의 서경행을 저지하고 나서고 인종도 마침내 서경행을 포기하고 말았다(**국운 (國運)의 종말**).

1115(인종 13년) 정월, 묘청은 서경을 거점으로 군사를 일으켰다.

그의 칼끝은 왕이 아닌 개경의 귀족들을 향했다.

(묘청의 난이 성공했다면 조선사 천 년은 달라졌을 것이다.

고려문벌귀족이 성장하지 못했을 것이며, 무신정권도 성립될 수 없을 것이다.

당연히 신진사대부와 신흥무인세력도 나타나지 못했을 것이다)

실질적으로 고려는 이때부터 국운이 쇠하기 시작한다.

묘청은 국호를 '대위(大爲)', 연호를 '천개(天開)'라 하고 자신의 군사를'천견충의군(天遣忠義軍)'이라고 부르며 새로운 국가체제를 갖추었으나 스스로 왕이 될 욕심이 있었던 것은 아니었다.

묘청의 거사는 앞서 이자겸이나 척준경의 반역과는 달리 새롭고 자주적인 독립 국가를 세운다는 것이 그 목적이었다.

현존하는 문헌으로는 묘청 일파가 과연 언제부터 어떤 식으로 반란을 준비했는가가 확실하게 밝혀져 있지 않다.

다만 묘청의 측근이었던 안중영이 불사에 많은 사람을 불러 모아 놓았을 때 갑자기 도화선이 터졌으며 백수한과 정지상, 김안, 최봉심 등 묘청 일파 다수는 개경에 머물고 있었다고 『**고려사**』는 전한다.

말하자면 묘청의 반란은 급작스러운 상황에서 일어난 것이며 정지상 등은 뒤늦게 묘청의 반란 소식을 전해 들었다는 얘기이다.

그래서 묘청의 난은 몇 가지 의문점이 있다.

갑자기 일어났다고 보기엔 그 조직이나 규모가 상당히 탄탄하고 거대했다.

또 국호를 이미 정한 것은 기존 고려란 국가를 부정하고 새로운 신흥국가를 만들겠다는 의미인데 타도 목표가 개성파 등 문벌귀족 등에 국한하고 고려왕실을 보존한다고 하는 것 자체가 모순이라 하지 않을 수 없다.

따라서 사전에 개경에 머물고 있던 정지상 등과 사전 협의가 있었던 것이 아닌가 하는 의심이 들기도 한다. 그러나 그 증거는 어디에도 없다.

묘청의 거사가 그처럼 쉽게 터지고 눈 깜짝할 사이에 자비령을 포함한 서북 일대를 장악하게 된 데는 그만한 여건이 마련되어 있었기 때문에 가능한 일이었다.

서경은 이미 태조 때부터 서북계의 요충지로서 정치와 경제, 군사 등 모든 면에서 중앙과 비슷한 분사의 조직이 구성되어 있던 곳이었다.

따라서 요소에 자기 일파를 배치하기만 하면 세력을 확보하기에 안성맞춤이었다.

또한 가장 중요한 민심이 어느 정도 동조했기 때문에 나름 명분과 힘이 유지될 수 있었다.

묘청의 거사 소식이 알려지자 인종은 곧 백관을 소집하고 회의 끝에 토벌하기로 결정을 내렸다.

토벌대의 대장은 김부식이었다.

당시 인종은 김부식에게 **"난을 일으킨 서경 사람들도 모두 내 아들, 딸들이니 우두머리만 죽이고 다른 사람들은 죽이지 마라."**라고 거듭 당부하였다.

그러나 김부식은 후환을 없애기 위해 김안과 정지상, 백수한 등 개경에 있던 묘청 일파들을 암살하고 인종에게는 나중에 가서야 이 사실을 알렸다.

그런데 당시 암살된 김안과 정지상은 서경의 반란에 처음부터 관련되어 있었다는 증거는 없던 인물들이었다.

그럼에도 불구하고 제일 먼저 살해된 것은 개경파의 모함 때문이었다.

『고려사』에 따르면 김부식이 선참후계식으로 성급하게 정지상 등을 죽인 것은 오래전부터 정지상의 문명(文名)을 질투한 김부식이 그 기회에 그를 묘청파로 몰아서 죽여 버린 것이라고 기록되어 있다.

이 사건으로 인해 김부식은 고려 중반 최고의 권력을 가지는 한 사람이 된다.

그에 반해 묘청의 군대는 시간이 갈수록 결집력이 약화되는 단점이 있었다.

그것은 대의명분이 약했기 때문이다.

아직 고려란 국가가 건재하고 있는데 새로운 국가를 선언했다는 점과 백성에게 자신의 주장을 재대로 홍보하지 못해 민심을 완전히 얻지 못한 것도 패인이었다.

정치는 명분을 바로 잡는 것이다(논어 공자). 명분이 명확하지 않으면 정치적으로 세력을 규합하기도 유지하기도 어려운 것이다.

또한 국가적 이념으로 풍수도참은 한계가 있었다.

만일 이때 사상적 이념을 법가사상이나 명리학 같은 현실적 학문으로 도입했다면 어떤 결과가 나왔을까.

우리나라에서 유교가 현실정치에 본격적으로 도입된 것은 고려 초 성종 때부터이다.

중앙집권에 잘 맞는 특성 때문에 왕실은 유교의 정치적 유용성을 활용하려고 했다.

그러나 중앙집권에는 도움이 되지만 강성국가건설에는 독(毒)으로 작용한다는 것을 간과한 것이다.

그 결과는 고려 성종 때 거란의 침입으로 개경 함락, 조선 선조 때는 일본의 침입으로 평양이 점령, 인조 때 여진의 공격으로 남한산성으로 피신하여 삼전도(지금의 서울 송파구)의 굴욕을 받은 것 등은 유교를 국가 이념으로 채택한 대가인 것이다.

이러한 모순점을 갖고 있던 묘청의 세력은 시간이 갈수록 세력이 약화되고 있었다.

또 외교적으로도 고립되어 있었기 때문에 외부적 도움을 전혀 기대할수 없었던 것도 **주요 패인으로 작용했다.**

이러한 상황에서 김부식의 대군이 출병했다는 소식이 전해지자 묘청의군대는 당황하기 시작했고 상황은 시간이 갈수록 관군에게 유리하게 진행되어 갔다.

전세가 불리해지자 서경 세력도 배신과 분란이 일어났다.

묘청과 함께 난을 일으켰던 조광은 묘청과 유참, 유참의 아들 유호 등세 사람의 목을 베고 투항할 의사를 밝혔다.

하지만 조광이 미처 항복하기도 전에 개경파들은 묘청을 비롯한 우두머리들의 목을 베어 저잣거리에 효시하였다.

이에 항복해도 목숨을 보전하기 어렵다고 판단한 조광은 결사항전으로방향을 전환하여 장렬한 최후를 맞게 되는데 묘청의 난이 **조광의 생존투쟁으로 변질되는 상황이 연출된 것이다.**

용두사미(龍頭蛇尾)란 말이 어울리는 대목이다.

묘청의 거사는 조광마저 정부군의 총공세에 무릎을 꿇고 이로써 서경성은 반란을 일으킨 지 1년여 만에 끝난다.

조광은 가족들과 함께 불 속으로 뛰어들어 자결하고 수많은 반란군 지휘관들은 목을 매 자살하였다.

특히 묘청이나 조광에 합세하여 관군에 항거했던 백성은 '서경 역적(西京逆賊)'이란 글자를 몸에 새기고 먼 곳으로 귀양 가거나 천민이 되었다.

항전 1년여 만에 '칭제건원', '금국정벌'을 내세웠던 묘청의 서경 천도운동은 조광의 죽음과 함께 완전히 종결되었다.

고려 조정 내의 서경 세력은 완전히 몰락의 길을 걷게 되었으며 이와 함께 풍수도참설이나 명리학 등도 상당히 쇠퇴하게 된다.

즉 사상적 다양성이 사라지고 유교라는 이념으로 인해 국가이념의 균형이 무너지는 결과가 나타나게 된다.

또 국가사상으로 유교가 본격으로 대두하는 계기가 되며 정치적으로는 왕권의 약화와 김부식 계 개성문벌귀족의 독주시대가 열려 훗날 무신정변의 원인을 제공하기도 한다.

묘청의 난의 의미는 단순히 국가정책이나 이념이 바뀌는 데 그치지 않고 역사의 흐름 자체를 돌려 버린 거대 사건이다.

만일 이런 일이 중국이나 미국 같은 거대한 국가에서 일어났다면 긍정적으로 작용할 수도 있었을지 모른다.

하지만 우리나라처럼 강대국 주변에 둘러싸여 있고 수많은 외침에 시달려야 하는 약소국에는 어울리지 않는 사상이다.

이는 마치 물에 빠진 사람에게 장래 희망을 물어보는 것과 같다.

사주에서도 우선순위라는 것이 있다.

가장 시급한 것부터 처리하고 그다음 것을 도모하라는 의미이다.

배고픈 사람에게는 학문보다는 음식이 더 시급하고 물에 빠진 사람은 장래 희망보다는 우선 물에서 구해주는 것을 우선시해야 한다는 것이다.

그런데 묘청의 난의 실패는 바로 우선순위를 바꿔버린 결과가 되고 만다.

강국을 만드는 것이 우선인 고려가 강국이 된 다음에야 꿈꿀 수 있는 것들을 먼저 택한 것이다.

진정한 평화는 정의와 힘이 함께 공존할 때만 지켜질 수 있다.

역사는 흐르는 강물과 같다.

멈추는 법이 없이 시간에 따라 새로운 시대가 열리고 성장하며 또한 쇠락의 길을 걷기도 한다.

이러한 과정은 발전이라기보다는 반복되는 순환에 더 가까운 것으로 자연현상과도 같다.

사람들이 착각하는 것 중 하나는 역사의 발전과 문명의 발전의 차이를 이해하지 못하는 것이다.

산업혁명 이후에 문명은 급속도로 발전해왔지만, 역사는 같은 자리를 반복할 뿐이다.

문명의 발전은 삶의 질을 풍요롭게 할 뿐 역사의 발전은 아니다.

그렇다면 역사의 발전은 무엇일까?

당대 최고의 석사인 헤겔은 역사의 발전과정을 변증법적으로 설명하려 했다.

변증법이란 인식이나 사물의 발전과정을 정─반─합의 3단계를 거쳐서 전개된다고 생각하였으며 이 3단계적 전개를 역사의 발전과정으로 응용한 것이다.

정(正)의 단계는 모순을 포함하고 있음에도 불구하고 그 모순을 알아채지 못하고 있는 단계이며, 반(反)의 단계란 그 모순이 자각되어 밖으로 드러나는 단계이다.

그리고 이와 같은 모순에 충돌로 인하여 제3의 합(合)이 단계별로 전개해 나간다.

우리가 역사를 통해 가장 소중히 기억해야 할 것은 같은 잘못을 반복하지 말아야 한다는 것이다. 그리고 그것은 역사의 발전이라는 이름보다는 역사의 고찰이라고 하는 것이 더 올바른 표현일 것이다.

사주명리는 이제 천 년의 시간을 보낸 검증된 학문으로 자리매김하였다.

그동안 쌓은 경험과 시행착오로 더 새롭고 명확하게 태어나야 할 시기가 되었다.

그러나 현실은 전혀 그러하지 못하다.
삼백 년 전의 오류 혹은 일백 년 전의 오류를 지금도 반복하고 있다.
시대는 변화를 요구하고 대중은 그 변화에 환호하는 특성이 있다.
그것은 단순히 옛것을 버리고 새로운 것을 취하는 형태가 아닌 적자생존 같은 절박한 의미일 때가 더 많다.

즉 살기 위해 변하는 것이지 단순히 변화를 즐기는 것이 아니란 것이다.
또한 그 변화는 고통과 희생을 요구하기도 한다는 것을 역사는 증명한다.
이제 사주명리학도 변할 때가 되었다.
기존 명리고전을 단순 학습하기보다는 시대와 자연 변화에 따른 깊이 있는 고찰이 필요하다.
역사를 통해 변해야 할 때 변하지 못하는 실수가 얼마나 뼈아픈 사건을 만드는지 고려의 멸망을 통해 보았을 것이다.
지난 사주명리학의 역사를 통해 우리가 알 수 있는 것은 변화와 그에 따른 고찰을 제대로 하지 않았을 때 그 국가든 학문이든 사멸한다는 것이다.
학문은 종교와는 다르다.
그리고 철학과도 명백한 차이점이 있다.
종교는 믿음을 기본으로 하고 철학은 의심이 꼭 필요한 요소이지만 학문은 믿음이나 의심보다는 고찰과 변화가 훨씬 핵심적인 요소가 된다.

제8장

사주,
나를 디자인하다

1. 나를 아는 것이 힘이다

사주를 알아야 하는 이유는 나 **'자신'**을 알기 위해서이다.

길흉(吉凶)도 나 자신을 안 뒤에 의미가 있다.

지피지기는 백전백승이란 말처럼 자신을 아는 것이야말로 가장 중요한 삶의 요소이다.

그렇다면 사주에서 자신을 알고 난 후 해야 할 것은 무엇일까?

한마디로 '채우고 덜어내는 것'이다.

과유불급(過猶不及)이라고도 하며 억부(抑扶)라고도 한다.

이 최종 목적은 중도(中道) 균형에 있다.

사람도 인생도 균형이 이루어져야 행복해질 수 있기 때문이다.

예를 들어 한 아이의 사주원국에 식상(食傷)이 없다고 가정해 보자.

이 아이는 표현력이 매우 부족할 것이다(**표현력이 부족한 아이는 잘 울고, 떼를 쓴다. 그것이 표현력이다. 동물처럼 울음으로 표현하는 것이다**).

그렇다면 이 아이에게는 어릴 때부터 자신의 마음이나 생각을 표현(말, 행동)하는 법을 연습시켜야 한다.

또 관성(官星)이 없는 아이에게는 질서와 규칙, 약속 등 자신을 통제하는 법을 연습시켜 습관처럼 만들어 주는 것이 유용하다(**자전거를 배우는 것처럼 없는 성분은 습관으로 만들어 줘야 한다**).

그리고 인성(印星)이 많은 아이는 의존성이 강하기 때문에 스스로 할 수 있게 독립심, 자립심을 키워줘야 하며 재성(財星)이 많은 아이에게는 욕심을 통제하는 법을 가르쳐 줘야 한다.

아이 때 습관이 안 됐다면 성인이 되어서도 스스로 인식하고 고쳐야 한다.

예를 들어 자신의 사주에 관성이 없거나 부족하다면 자기 통제가 잘 안되니 술을 마시지 말아야 하고, 상관(傷官)이 강하면 말하기 전에 한 번 더 생각하는 습관을 들여야 한다.

상관은 야생마처럼 내 안의 기질이 조건반사로 튀어 나가기 때문에 말하기 전에 어떻게 말할지에 대해 생각하는 습관을 들여야 한다.

이외에도 사주만 보면 자신의 부족한 점과 지나친 점이 모두 적나라하게 드러난다.

그것을 스스로 깨달아 고치고 연습하고 미래를 대비하는 것이 사주를 알아야 하는 목적인 것이다.

가끔 사주를 안 믿는다는 사람이 있다.

그러나 믿고 안 믿는 건 중요한 게 아니다.

자신의 장단점을 제대로 알고 고치고 개선하는 것이 더 중요한 것이다.

자신의 단점을 고치라는데 믿고 안 믿고는 논쟁의 대상이 아니란 생각이 든다.

자신의 장단점들이 결국 길흉(吉凶)도 만들어 내는 것이다.

대부분의 운명을 만드는 가장 큰 요소는 **'성격'**과 **'습관'**이다.

천성이라고도 하는데 천성이라도 나쁜 것이 있다면 인위적인 수행을 통해 고치거나 수정할 수 있다.

우리가 학습하고 수행하는 것도 바로 이러한 목적이 있는 것이다.

논어에서는 과유불급(過猶不及)이라고 하여 지나친 것은 삼가고 부족한 것은 채우라고 가르치고 있다.

공자도 70년 동안 과유불급을 실천하고 수행했던 사람이다.

그냥 천성이니 못 바꾼다고 포기하는 순간, 운명도 함께 포기한 것과 같다.

사람은 교육을 통해 자신을 채워가고 덜어낼 수 있는 존재이다.

교육받지 않은 사람은 진정한 의미에서 사람이 아니다.

인간은 교육과 수행을 통해 만들어지는 존재다.

만일 인간이 본능대로만 행동한다면 짐승과 다를 것이 전혀 없을 것이다.

사람은 크게 두 가지로 구성되어 있는데 육체와 정신이다.

육체는 부모가 준 것이지만 정신은 나 스스로 만들어 가야 한다.

우리가 사주를 공부하고 알아야 하는 이유도 자신의 과유불급을 알고 수행하여 고치고 수정하기 위해서다.

내 운명은 내가 만드는 것이다.

"하늘도 스스로 돕는 자를 돕는 것이다."

2. 반전이 있는 삶을 만드는 방법

> 사주에서 반전은 합(合)에 의해 일어나는 경우가 가장 많다.
> 합(合)이 변화하면서 길흉(吉凶)이 뒤바뀌게 되는데 인생의 최대 반전은 혼인의 합화(合化)에서 일어난다.

사주를 모르면 자신이 무슨 일을 해야 하는지?

언제 무엇을 해야 하는지?

적성과 진로, 연애와 결혼, 건강과 재능 등 아무것도 명확히 알 수 없다.

자신의 인생에 대해 올바른 선택을 하기 위해 알아야 하는 것이 바로 '사주'인 것이다.

합(合)은 사주에서 최대의 변수이자, 반전의 힘을 지닌 마법이다.

영화 '식스센스'를 능가하는 반전이 생각보다 자주 일어난다.

(여성만 해당)

첫 번째, 운(運)에서 관(官)이 들어와 관성이 합(合)이 되었을 때, 춘향이가 그네를 타다가 이도령을 만난 풍경이 된다.

눈에 콩깍지가 씌워져 콩나물도 콩나무로 착각하게 한다.

이때 중요한 것은 관(官)과 합(合)하는 변화가 길(吉)인가, 흉(凶)인가이고 합(合)이 되는 자리가 어디인지이다.

우선 합(合)하여 변화된 오행이 나에게 길(吉)이 되고 그 자리가 일지(日支)이면 '금상첨화'이다. 더 말해 무엇하리요.

자다가 로또에 맞은 격이다.

반대로 합(合)한 오행이 흉(凶)이 되고 그 자리가 일지(日支)라면 '설상가상' 금덩어리인 줄 알고 샀는데 쇠덩이인 격이다.

여자 입장에서 '금상첨화'와 '설상가상'은 **합화(合化)한 오행의 길흉(吉凶)에 따라 정해진다는 의미이다.**
즉 관성(官星)이 합운(合運)으로 들어온 것은 혼인 운은 맞지만 좋을 수도 나쁠 수도 있다는 것이다. 그렇다면, 흉(凶)의 경우 어찌하면 될까?
"병(病)이 있으면 약도 있는 법."
이가 없으면 잇몸으로 최선이 아니면 차선으로 선택할 수 있다.

두 번째 식상(食傷) 운이 들어오거나 식상과 합(合)할 때, 여성에게 식상은 자식에 해당한다.
식상 운(運)이 들어왔다는 것은 자식이 생길 수 있다는 의미로 이때 혼인하는 경우가 많다.

관합(官合)에 비해 첫눈에 반한다든지 설레임은 없지만 그래도 혼인하는데는 지장이 없고, 의외로 '금상첨화'가 될 수도 있다.

문제는 2가지에 해당이 안 될 때이다.
공포의 '상관견관(傷官見官)'운이 들어올 때와 식상이 합(合)한 오행이 흉(凶)으로 변화할 때이다.

이 경우 결혼준비를 하던 중 사소한 일로 깨지는 경우도 있고, 신혼여행에서 헤어지는 경우, 최악은 혼전 임신된 아이가 유산되는 경우 등 관합(官合)이 흉(凶)으로 변할 때보다 상태가 더 안 좋은 경우가 많다.

또 무사히 결혼했다고 해도 1~3년 안에 자식을 낳은 후 헤어지거나 관계가 소원해지는 경향을 보인다.

그러나 이 2가지 방해요소 없이 식상운(食傷運)이 들어와 합(合)이 되었는데 길신(吉神)으로 무사히 변했다면 '금상첨화'로 살면 살수록 부부간의 정이 깊어지고 자식이 생긴 후 더 사이가 좋아지기도 한다.

합(合)은 변화를 하기 때문에 변화된 오행이 나에게 길(吉)인지 흉(凶)인지 잘 살펴 판단해야 한다.

단순히 합(合)이 들어왔으니 좋다고 한다면 '봉사가 코끼리 다리 만지기'에 해당할 것이다.

합(合)은 마음을 착각에 빠뜨리는 유혹의 마법과 같은 것이다.

마법이 독약인지 보약인지는 성분검사를 해봐야 알 수 있다는 것을 잊지 말아야 한다.

3. 내 삶을 디자인하다

과거는 관성(官星)의 시대,
현대는 식상(食傷)의 시대.
시대적 가치의 패러다임이 변하였다.

과거 시대는 관성(官星)의 시대였다.
여성을 억압하고 자신을 통제하는 성향을 선비란 이름으로 시대의 가치로 삼았다.

그래서 벼슬과 선비의 기질(보수, 명예, 명분, 충성, 복종, 억제)만이 환영받고 가치로 인정되는 시대였다.

하지만 현대는 식신상관(食神傷官)의 시대라고 할 수 있다.

식신상관은 '발산과 도전, 전문가적 기질, 자신을 표현하고 드러내는 기운의 종합체'이다.

현대시대가 요구하는 특성이기도 하다.

관성이 일관적 형태라면 식상은 특별하고 다양한 형태이다.

식상의 특별하고 다양한 형태가 아이폰과 컴퓨터, 자동차와 로봇을 만들어내기 때문이다.

전지현, 김태희, 김수현, 송중기, 박보검까지 과거에는 최하급 계급에 불과했던 광대 계급의 가치가 지금은 최고층 계급으로 성장하였다.

영화배우였던 사람이 대통령도 되고 주지사도 되고, 국회의원, 장관도 되는 시대가 된 것이다.

시대적 패러다임이 바뀐 것이다.

지난 1,000년을 지속해오던 관성의 시대적 가치가 종말을 내리면서 식상의 시대가 열렸고 앞으로도 쭉 계속될 것이다.

그 바탕에는 과학기술이 자리 잡고 있다.

즉 산업혁명 이후 눈부신 과학기술의 발전이 관성의 시대에서 식상의 시대로 시대적 가치를 변환시키는 기본 바탕이 되어 준 것이다.

연예인 신드롬은 이런 관점에서 보면 매우 큰 의미가 있다.

대중들은 왜 그들에게 열광하는 것일까?

그 이면에는 시대적 암울함이 빛과 그림자처럼 감춰져 있다.

밝은 태양 아래 생긴 그림자의 형상, 즉 양극화에 따른 불편함이 화려한 식상의 시대에 그림자가 된 것이다.

예전에는 모두 같은 것을 요구했기 때문에 명암이 잘 구분되지 않았다.

군복을 입은 사람들이 모두 똑같이 보이는 것과 비슷하다(**관성: 책임감, 복종, 제어, 억제, 명분, 명예**).

그러나 식상의 형태는 모두 제각각이다.

금세 분별되고 소외되고 뒤처지는 것이다.

경쟁사회란 모두 드러나는 사회구조로서 그렇지 못한 자들의 원망이 혼재되어 있다.

이것은 학교폭력, 왕따, 이혼율, 대량실업, 강력범죄, 자살 등으로 나타난다.

GDP는 세계 13위로 불과 50년 전보다 100배 이상 높아졌지만 삶의 만족도는 오히려 떨어지고 자살율과 실업률, 이혼율은 높아졌다.

상대적 박탈감에 고통받고 소외되는 사람들이 점차 늘어나는 추세이다.

의료기술의 발달로 평균수평은 늘어나서 꿈의 100세 시대가 열렸지만, 노후가 가난한 사람들에게 100세 시대는 축복이 아닌 지옥이 된 지 오래다.

청년과 노인이 모두 불행한 시대가 된 것이다.

사회적 합의와 노력이 필요한 시점이다.

식신상관의 시대에서 가장 잘살 수 있는 방법은 무엇일까?

사주에 식상이 없는 사람도 전 국민의 20% 정도이다(지장간 제외).

또 있다고 해도 무력한 경우도 20%이다.

그렇다면 식상이 없는 사람은 모두 사회적으로 환영받지 못할까?

물론 그렇지 않다.

자신의 사주대로 맞춰 살면 가장 이상적인 삶의 형태가 되고 그다음은 노력에 의해 원하는 것을 실현해 가는 것이다.

예를 들어 관성이 발달한 사람은 공무원 직장인으로 진로를 잡고 식상이 발달한 사람은 장사 사업 예술 특수직종으로 진로를 선택하면 된다.

또 식상이 없지만, 식상 성분이 필요한 일을 하고 싶다면 그 부분을 채울 수 있게 노력하고 연습하면 된다. 십성의 성향은 노력하면 후천적으로 만들어진다.

오행의 성향은 바꿀 수 없지만, 십성의 기질은 자신의 노력 여하에 따라 얼마든지 수정 가능하다. 왜냐하면 십성은 오행이란 몸에다가 인위적으로 옷을 입힌 것이기 때문이다.

옷은 얼마든지 바꿔 입을 수 있다.

주연 배우 한 명이 받는 출연료 금액이 전체 스태프가 가져가는 돈보다 많은 시대에 사는 우리는 누구나 스타가 되고 싶어한다.

그러나 "남의 불행 위해 내 행복을 쌓지 말라."는 부처의 가르침을 무시한다면 언제가는 그들의 역습이 시작될 수도 있다.

모두가 행복해질 수 있는 세상은 불가능하고 사주팔자도 완벽해질 수는 없지만 식신상관의 시대에서 자신을 드러내지 못하는 사람들에 대한 배려가 고려되지 않는다면 그들의 절망과 분노는 다시 사회 전체에 검은 그림자를 드리우게 될 것이다.

이제는 시대에 맞게 내 인생을 설계할 때이다.

4. 꿈과 이상은 구체적인 목표에 의해 달성된다

모든 사람들은 각자의 꿈과 목표가 있다.

필자의 꿈은 사주의 교과서를 만드는 일이고 그것을 통하여 진정한 의미의 깨달음을 얻고 싶다.

그런데 이러한 목표를 달성하기 위해서는 무엇보다도 철저하고 구체적인 계획과 의지가 중요하다.

흔히 작심3일이라는 말처럼 굳은 결심과 의지도 시간이 지나면 쉽게 무너지는 이유는 사람의 마음 구조 때문이다.

물론 태어난 기질에 따라 어떤 사람은 잘 인내하고 목표까지 무난히 가는 사람들도 있다.

하지만 대부분의 사람들은 중도에 포기하거나 목표를 수정한다.

설령 그렇다고 하여도 포기하지 말고 실현 가능한 계획을 세워 다시 도전하는 것이 중요하다.

인생은 포기하는 순간 끝나는 것이다.

세상에서 나를 구할 수 있는 사람은 오직 자신밖에 없다.

자신의 과유불급을 통해 자아를 실현하는 것이 바로 사주의 목적이다.

음양오행의 생극제화도 균형을 목적으로 끊임없이 움직이듯이 인간의 위대함도 목적을 위한 끊임없는 노력과 의지에서 나온다.

목적을 잃은 삶은 무기력하고 지치기 쉽다.

특히 금수(金水)가 강한 사람들은 삶의 목적을 갖기가 쉽지 않다.

늘 내가 왜 태어났는지에 대해 고민하고 결론을 찾지 못해 방황한다.

이럴 때 필요한 것은 '스스로 객관적인 자신을 성찰'하는 것이다.

모든 문제는 내 마음에서 시작되기 때문이다.

5. 사주에게 길을 묻다

공자와 안회의 일화이다.

안회는 공자가 가장 사랑했던 제자로 그가 죽었을 때 공자는 "하늘이 나를 버리시는구나."라고 하며 매우 슬퍼했다고 한다.

공자가 제자들과 유랑하면서 매우 곤궁한 생활을 할 때였다.

공자는 수일 동안이나 음식을 먹지 못하고 굶었다.

제자인 안회는 매일 스승을 위해서 양식을 구하러 다녔으나 쉽게 구할 수가 없어서 애를 태웠다.

그러던 어느 날 안회가 쌀을 구해 공자에게 밥을 지어 주려고 했다.

공자는 내심 밥 먹을 생각에 기뻐했는데 밥을 다 짓고 나서 스승인 자신에게 밥을 주지 않고 안회가 먹고 있던 것을 본 것이다.

공자는 이를 보고 내심 제자인 안회의 행동을 못마땅하게 생각했다.

그러나 표시는 하지 않고 모르는 척했다.

그 후 안회가 밥을 차려오자 마음을 떠보았다.

"꿈에 돌아가신 아버지를 만났다.

아버지께서는 밥을 드시고 싶다고 하시는데 내가 아무리 배가 고파도 아버지에게 이 밥을 먼저 드리고 먹는 것이 도리가 아니겠는가."

그러자 안회는 정색을 하며 말했다.

"안 됩니다.

조금 전에 보니 밥에 흙과 조피가 섞여 있었습니다. 그래서 제가 우선 먹었습니다.

스승님께는 다시 쌀밥을 지어 올리겠습니다.

그때 돌아가신 아버님께 밥을 올리도록 하세요."

이 말을 들은 공자는 제자인 안회를 의심했던 자신을 몹시 부끄럽게 생각하고 말했다.

> 내가 직접 보았지만 나의 눈도 완전히 믿을 것이 못 되는
> 구나. 너희는 보고 들은 것이 꼭 진실이 아닐 수 있음을
> 명심하라.
>
> ―공자―

눈에 보이는 것이 전부가 아니다.

우리의 삶 속에서도 보이지 않는 것에 더 관심을 가져야 한다.

사주에서 우리가 찾을 수 있는 것들도 눈에 보이지 않는 것들이다.

내가 어떤 기질과 성향을 가졌는지 눈에는 보이지 않는다.

내 안에 숨겨진 재능은 어떤 것이고 어떻게 꺼내 쓸 수 있는지도 보이지 않는다.

우리는 늘 드러난 것에만 익숙해 있다.

드러나지 않는 것도 분명히 존재하지만 믿으려 하지 않는다.

태양이 있는 하늘에는 별이 보이지 않지만 보이지 않는다고 하여 별이 없는 것은 아니다.

우리 삶이 좀 더 풍요로워지기 위해서는 반드시 드러나지 않은 것에 대한 관심과 이해가 필요하다.

사주는 그것에 대한 길을 우리의 눈이 되어 보여주고 있다.

한 번도 드러나지 않았던 밤하늘 별빛을 어둠이 되어 보여주고 있다.

태양이 아름다운 것은 밤이 있기 때문이다.

바다가 가치 있는 것은 대지가 있기 때문이다.

우리의 숨겨진 것들을 사주는 빛과 어둠이 되어 선명하게 나타내 주고 있다.

6. 사주, 재물을 보다

부(富)와 가난에 대한 공자 장자의 생각이다.

> 부(富)라는 것이 추구해서 되는 것이라면 비록 집편지사
> (執鞭之士) 일이라도 마다치 않겠다.
> 그러나 부(富)가 추구한다고 되는 것이 아니라면 나는 내
> 가 좋아하는 바를 따르겠다.
>
> -공자-
>
> **참고) 집편지사: 채찍 잡는 일, 즉 하등한 일.**

> 그런데도 이 지경에 이른 것은 운명인가 보다(然而至此極者,
> 命也夫).
>
> -장자-

장자 이야기에 나오는 자상이란 사람은 자신이 가난한 이유를 도무지 찾을 수가 없었다고 한다. 부모 탓도 아니요, 내 탓도 아니니 하늘의 뜻이라고 생각한 것이다. 그래서 자여와 자상이란 사람을 비유하여 가난을 천명이라 여기고 받아들였다는 이야기이다.

두 사람이 보는 가난과 부(富)는 다른 것 같으면서도 같다.

가난은 누구나 싫어하고 부자는 누구나 좋아하는 것은 본성이라는 것이다.

그것은 성인들조차 예외는 아니다. 그러나 그들은 가난을 원망하거나 불평하지 않고 고요히 받아들인다. 가난한데 억지로 부유해지려 하지 않고 순리를 따른다는 것이다.

만일 순리를 따르지 않고 억지로 재물을 탐하려 할 때 인생은 지옥으로 바뀐다는 것을 성인들은 이미 아는 것이다.

사주도 그렇다.

재물 운을 타고난 사람이 있는가 하면 재물 운이 전혀 없는 사람도 있다. 그렇다면 성인들처럼 천명으로 알고 사는 것이 옳은 일인가?

부자는 문제 될 것이 없지만 가난한 자는 평생을 가난하게 사는 것이 숙명이라면 얼마나 기운 빠지는 일이겠는가?

안빈낙도(安貧樂道)란 말로 위로를 삼아 보려 하지만 그것을 보통 사람들에게 요구하기엔 무리가 있다.

정말 부귀 빈곤은 처음부터 타고나는 것일까?

아무리 노력해도 극복될 수 없는 것인가?

이 문제는 정답이 없다.

다만 대안을 제시할 수는 있다.

사주에서 재물은 '재성'이 아니다.

사주에서 재물은 어떤 오행과 십성도 될 수 있다.

이 의미는 자신의 재능을 발견한다면 '재성'을 대신하여 어떤 오행이든 재물을 취득할 수 있다는 것이다.

관성이 발달한 사람은 명예를 무기 삼아 재물이 따라오게 하고,

식상이 발달한 사람은 부지런함을 무기 삼아 재물을 벌어들이고,

인성이 발달한 사람은 지식과 경험을 무기 삼아 재물을 문서화하고,

비겁이 발달한 사람은 사람들과 소통 공감능력을 무기 삼아 재물을 모은다.

얼굴만큼이나 사람들의 특성도 모두 다른데 유독 재물은 같은 방법으로만 벌려고 한다.
그것은 매우 어리석은 방법이다.
각자 자신을 알고 자신의 장점을 인지하여 그것을 통해 재물을 버는 것이 최상의 방법이다.
호랑이는 물속에서 사냥할 수 없고, 상어도 육지에서 사냥할 수는 없다.

각자 자신에게 맞는 방법으로 부를 축적하는 것만이 우리가 돈의 굴레에서 벗어날 방법이며 행복해질 수 있는 길이다.

상담하다 보니 너무 많은 분들이 재물로 인해 고통받고 있었다.
대부분 자신에게 맞지 않는 방법으로 경제활동을 하고 있었고 그 결과는 고통 그 자체였다.
본인은 물론 자신의 가족들까지 힘겨워하는 모습을 수없이 보았다.

재물은 절대 억지로 벌 수 없다.
자신에게 맞는 방법을 찾아야 한다.
그러기 위해서는 '자신'을 아는 것이 최우선이다.

"너 자신을 알라."

-소크라테스-

제9장

사주와 작명

1. 개명(改名)과 작명(作名)법

　개명(改名)과 작명(作名)의 사전적 의미는 개명이란 이름을 고친다는 의미이고 작명은 이름을 만든다는 의미가 있다.

　작명(作名)은 사주해석을 기반으로 사주에서 부족한 것을 채워놓고 음양오행(陰陽五行)의 원리로 만들어진다.

　즉 사주해석이 정확하지 않으면 작명(作名) 자체가 불가능하다.

　이는 마치 환자의 상태를 보지도 않고 약(藥)을 처방해 주는 것과 같다.

　작명법은 개운법 중 개심(改心) 다음으로 으뜸이다.

　이름이 중요한 것은 늘 부르고 사용되기 때문이다.

　풍수보다도 훨씬 영향력이 크다.

　작명법에서 가장 중요한 것은 사주의 정확한 해석을 기반으로 사업, 학문, 재물, 공직 등 개인의 특성에 어울리는 이름을 떠올려야 한다.

　그다음 사주의 용신을 기본으로 발음오행을 맞춰야 한다.

　발음오행은 작명법에서 가장 중요한 기본이라고 할 수 있다.

　발음오행이 맞지 않으면 다음 것은 볼 필요도 없다.

● 발음오행

오행구분	해당 초성자
목(木)	ㄱ ㅋ
화(火)	ㄴㄷㄹㅌ
토(土)	ㅇㅎ
금(金)	ㅅㅈㅊ
수(水)	ㅁㅂㅍ

*발음오행은 음양오행의 원리에 따라 초성을 기준으로 한다.
 발음오행은 순행과 역행이 있다.

예시) 발음오행 상생(相生) (순행)

반드시 생(生) 구조여야 한다.
즉 목(木) 다음 올 수 있는 글자는 화(火)초성(순행)과 수(水)초성(역행)밖에
없다.

김	나	영
木	火	土
	목생화(木生火)	화생토(火生土)

예시) 발음오행 상생(相生) (역행)

반드시 상생(相生) 구조여야 한다.
즉 목(木) 다음 올 수 있는 글자는 화(火)초성(순행)과 수(水)초성(역행)밖에
없다.

김	미	숙
木	水	金
(木生水)목생수	(水生金)수생금	

예시) 상극(相剋) 잘못된 발음오행

상극(相剋)구조는 작명으로 쓸 수 없다.

토(土) 다음 올 수 있는 글자는 화(火)초성과 금(金)초성밖에 없다.

이외 모든 글자는 발음오행 배합이 잘못된 것이다.

홍	길	동
土	木	火
	(土剋木)토극목	

예시) 상극(相剋) 잘못된 발음오행

상극(相剋)구조는 작명으로 쓸 수 없다.

금(金) 다음 올 수 있는 글자는 수(水)초성과 토(土)초성밖에 없다.

이외 모든 글자는 발음오행 배합이 잘못된 것이다.

조	노	민
金	火	水
(金剋火)금극화	화극수(火剋水)	

⊙ 발음오행은 반드시 상생(相生) 구조로 이루어져야 한다.

　상극(相剋)구조는 인생의 파란과 굴곡을 만들며 발음오행이 맞지 않으면 다른 것은 볼 필요도 없다.

　즉 작명에서 발음오행은 기본이 되는 것이다.

2. 훈민정음 발음체계 논란

오행구분	해당 초성자	해당 초성자
	운해본	해례본
목(木)	ㄱ ㅋ	ㄱ ㅋ
	한자한글이름	순수한글이름
화(火)	ㄴ ㄷ ㄹ ㅌ	ㄴ ㄷ ㄹ ㅌ
	한자한글이름	순수한글이름
토(土)	ㅇ ㆆ	ㅁ ㅂ ㅍ
	한자한글이름	순수한글이름
금(金)	ㅅ ㅈ ㅊ	ㅅ ㅈ ㅊ
	한자한글이름	순수한글이름
수(水)	ㅁ ㅂ ㅍ	ㅇ ㆆ
	한자한글이름	순수한글이름

▷ 훈민정음 발음체계

훈민정음은 예의(例儀)와 해례(解例)로 구분된다.

예의(例儀)본은 세종이 직접 작성한 것으로 훈민정음의 창제 이유와 사용법을 다루고 있다.

해례(解例)본은 성삼문 박팽년 등 집현전 학자들이 자음 모음을 만든 원리와 사용법을 만든 글이다.

문제는 연산조때 한글 말살정책으로 사라진 해례(解例)본이 경북 상주에서 발견되고부터이다.

해례(解例)본은 발음 초성에서 토수(土水)의 발음이 예의(例儀)본과 다른 구조로 되어있다.

즉 토(土)의 발음 구조가 ㅁㅂㅍ이고 수(水)의 발음 구조는 ㅇㅎ가 된 것이다. 과연 어떤 것이 맞을까?

작명법에서도 갑론을박이 시작되었다.

결론부터 말하자면 발음 구조를 해례(解例)본에 맞춰야 한다는 것은 사주명리 음양오행과 발음 창제 원리를 전혀 모르고 하는 주장이다.

훈민정음의 발음 창제 원리도 중국의 한자 발음오행(음양오행)이 기반이 되어 들어왔기 때문이다.

순수 한글 이름이 아니라면 당연히 운해본을 따라야 한다.

역사적으로도 중종 12년 최세진이 편찬한 『사성통해(四聲通解)』에서는 해례본의 음령오행을 배제하고 명리학 발음오행이 채택되었다.

영조 26년 1750년 신경준의 『훈민정음운해본(訓民正音韻解本)』에서도 해례본의 원리를 배제하였다.

더 이상 발음오행으로 시간 낭비하지 말자.

3. 음양(陰陽)과 수리오행

음양(陰陽)의 숫자는 두 가지로 나뉜다.

1, 3, 5, 7, 9는 양(陽)의 수이고 2, 4, 6, 8, 10은 음(陰)의 수이다.

강 姜	도 途	경 鏡
9획	10획	19획
양(陽)	음(陰)	양(陽)

▷ 양(陽) 음(陰) 양(陽), 음(陰) 양(陽) 음(陰) 상생(相生)

▷ 양(陽) 양(陽) 양(陽), 음(陰) 음(陰) 음(陰) 상극(相剋)

음양(陰陽)의 배치는 한번은 **음(陰)**이고 한번은 **양(陽)**이 되어야 한다.
밤과 낮이 뒤바뀌듯이 음양(陰陽)은 계속 순환하는 구조여야 한다.
작명 시 이름의 배열 때 반드시 이 원리를 적용하여 배치해야 한다.
음양(陰陽)이 바뀌지 않으면 어둠이 계속되는 것과 같다.
작명도 결국 음양오행의 법칙에서 벗어나지 못하며 가장 좋은 이름은
자신에게 가장 잘 맞게 균형 잡힌 이름이다.

4. 용신(用神)오행

사주 분석을 통해 용신(用神)오행이나 절대필요오행 등을 이름에 넣어줘
야 하는데 이때 반드시 음양(陰陽)수리오행을 맞춰줘야 한다.
특히 사주해석을 통해 나타난 특성을 고려하여 글자를 선택해야 한다.

단 종격(從格) 사주의 경우 세밀하게 판단해야 하며 사주에 해당 오행이
없다고 그 없는 글자를 사용하면 안 된다.
즉 종격 사주는 필요오행이 세력이 왕(旺)한 오행이기 때문이다.

이때 주의해야 할 것은 불용한자와 의미가 흉(凶)한 한자, 중의적 의미의
한자, 사주와 잘 맞지 않는 의미가 있는 한자 등 고려해야 할 것이 많다.

중화된 사주의 경우는 사실 작명의 영향이 크게 없다.

왜냐하면 사주에 이미 다 있기 때문이다.

이름으로 보완할 것이 별로 없는 것이다.

용신이란 내 사주에서 가장 필요로 하는 글자이다.

구분	용신오행
木용신(用神)일 경우	森 杉 彬
火용신(用神)일 경우	燈 談 耿
土용신(用神)일 경우	圭 奎 汕
金용신(用神)일 경우	錦 銅 鍊
水용신(用神)일 경우	濟 水 泳

5. 작명 시 획수 계산법

작명(作名) 시에는 반드시 원획(原劃)법을 쓴다.

인터넷 사전에는 필획법을 사용한다.

따라서 필획법은 무시하고 원획법을 원칙으로 한다.

획법 구분	해설
원획법	한자 자체의 옥편에 적힌 원래의 부수로 획수를 계산하는 방식 (작명 시 원획법 적용)
필획법	실제로 글씨를 쓸 때의 획수로 계산하는 것으로 작명 시 사용하지 않는다.
곡획법	붓의 구부러짐을 기준으로 하는 방식으로 붓의 구부러질 때마다 한 획수를 추가 계산한다. 작명 시 사용하지 않는다.

예를 들면

원획(原劃)법은 氵(삼수변)은 물 수(水)자로 보아 4획으로 계산하는 것이다.

필획법은 있는 그대로 氵(삼수변)을 3획으로 계산하는 것이고 곡획법은

새을(乙)자는 필획법상 1획이지만 곡획법상 4번 꺾어 4획으로 계산한다.

다른 건 모두 머릿속에서 지우고 원획(原劃)법만 기억하라.

인터넷에서는 대부분 필획법으로 되어있다.

하여 이것을 보고 수리오행이 맞지 않는다고 항의하는 분들이 종종 있는데 옥편을 찾아봐야 정확한 획수가 나오고 이것이 원획법이다.

6. 원형이정(元亨利貞)

원형이정(元亨利貞)은 하늘이 갖추고 있는 4가지 덕 또는 사물의 근본 원리를 말한다.

주역(周易)의 건괘(乾卦)에서 유래되었다.

곧 사물(事物)의 근본 원리라는 말인데 원(元)은 만물의 시(始)로 춘(春)에 속하고 인(仁)이며,

형(亨)은 만물의 장(長)으로 하(夏)에 속하고 예(禮)이며,

이(利)는 만물의 수(遂)로 추(秋)에 속하고 의(義)이며,

정(貞)은 만물의 성(成)으로 동(冬)에 속하고 지(智)가 된다.

금묘화실(根苗花實)과도 비슷한 구조이나 금묘화실(根苗花實)은 15년씩 나

누고 원형이정(元亨利貞)은 19년씩 나누는 것이 다른 점이다.

과거에 비해 수명도 엄청나게 늘어났기 때문에 금묘화실(根苗花實)보다는 원형이정(元亨利貞)이 현실적으로 맞는다.

사주팔자는 4개의 기둥으로 이루어져 있고 금묘화실(根苗花實)이든 원형이정(元亨利貞) 모두 시간을 나타내는 것이다.

원(元)	1~19세	연
형(亨)	20~38세	월
이(利)	39~57세	일
정(貞)	58~77세	시

이름 획수에 따라 길운(吉運)수와 흉운(凶運)수 등으로 나뉜다.

또한 이름도 나이에 따라 길흉(吉凶)이 달라지는 현상이 있는데 이것은 사주에서 대운(大運)과 비슷하다고 보면 된다.

이외에도 잡다한 여러 가지 작명법이 있으나 이것 이외에는 중요한 것은 없다.

작명도 사주해석이 반드시 선행되어야 한다는 점은 꼭 기억해야 한다.

오월의 꿈

오월에는 바다가 되고 싶다.
바다를 마시다 바다에 취해
파랗게 물들고 싶다.

오월에는 별빛이 되고 싶다.
빛나는 훈장처럼 가슴에 메단
파란 별빛이 되고 싶다.

오월에는 파란 꽃이고 싶다.
탐스러운 향기에 취한 바람처럼
한순간 무너진 입맞춤이고 싶다.

오월에는 생명이고 싶다.
투명한 그리움을 파랗게 물들여
바다가 되고 싶다.

무술년 정사월. 최 째 현